绩效管理实战

让HR轻松学会绩效管理

刘彤 ◎ 编著

U0314183

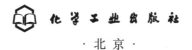

化学工业出版社

·北京·

内容简介

绩效是员工完成工作目标的结果，这决定了传统的绩效考核是结果导向，忽略了实现结果的过程。而绩效管理是对传统绩效考核的完善，它是一个循环体系，员工可以知道有什么工作需要做，做到什么程度以及怎样做得更好，从而促进公司战略目标的完成。

《绩效管理实战：让HR轻松学会绩效管理》讲述绩效管理的相关内容，涵盖绩效计划、绩效辅导、绩效考核、绩效改进等多个方面，目的是帮助读者掌握绩效管理的精髓。阅读本书，读者能够了解绩效管理的基本策略，尽快掌握绩效管理的内在逻辑。

此外，本书还提供了大量的绩效管理表格模板，目的是帮助读者省去设计表格的时间，快速过渡到实践阶段。

本书是一本非常实用的绩效管理秘籍，具有很强的实操性，无论是人力资源管理从业者、企业管理者，还是对人力资源感兴趣的读者，都可以参考、学习。

图书在版编目（CIP）数据

绩效管理实战：让HR轻松学会绩效管理/刘彤编著．—北京：化学工业出版社，2020.11
ISBN 978-7-122-37663-3

Ⅰ．①绩…　Ⅱ．①刘…　Ⅲ．①企业绩效-企业管理　Ⅳ．①F272.5

中国版本图书馆CIP数据核字（2020）第165777号

责任编辑：刘　丹　　　　　　　　　　　装帧设计：李子姮
责任校对：宋　玮

出版发行：化学工业出版社（北京市东城区青年湖南街13号　邮政编码100011）
印　　装：大厂聚鑫印刷有限责任公司
710mm×1000mm　1/16　印张13¾　字数157千字　2021年1月北京第1版第1次印刷

购书咨询：010-64518888　　　　　　　售后服务：010-64518899
网　　址：http://www.cip.com.cn
凡购买本书，如有缺损质量问题，本社销售中心负责调换。

定　　价：58.00元

 **前 言**

随着时代的进步、科技的发展，人力资源管理越来越受到各企业的重视，HR（Human Resourse 的缩写，即人力资源，全称人力资源管理。现在常用"HR"代指人力资源管理从业者）的职能也越来越清晰。为了更好地整合、规划 HR 的工作，人力资源管理被细分为多个模块，绩效管理在其中有着举足轻重的地位。

如今，虽然人力资源管理涉及多方面问题，但在笔者看来，绩效管理是一个"通天柱"，向上可以承接战略，向下可以优化员工。对于 HR 来说，做好绩效管理并不简单，因为其中包含了许多细化的工作。在进行绩效管理的过程中，HR 可能会遇到以下一些问题，导致工作陷入僵局。

① 找不到绩效管理推行难的原因，甚至掉进了绩效管理的陷阱。

② 因为缺乏实践经验，无法制定出科学合理的绩效考核办法，导致各个部门的绩效考核工作混乱，无法支持公司战略目标的实现。

③ 对各部门绩效辅导的结果把控不利，导致绩效辅导形同虚设，并不能起到帮助员工完成工作目标的作用。没有及时推进绩效结果的应用，导致激励效果差，优秀员工离职。

④ 很多 HR 缺乏绩效管理方面的理论知识和技术要领，不能在绩效考核前对部门管理者和员工进行完善的技术培训。

⑤ 忽略了员工最后的绩效改进，没有要求员工制订绩效改进计划，导致绩效管理"虎头蛇尾"，得不到一个好的结果。

为了解决这些问题，HR 首先需要明确自身定位，知道自己的职责是什么，自己在绩效管理中扮演怎样的角色，怎样推动绩效管理的实施与落地。在这样的需求下，本书应运而生。

通过阅读本书，读者可以对绩效管理有更深层次的了解。希望能对想加入人力资源行业的读者，以及想参与绩效管理工作的管理者提供参考。

由于笔者学识所限，书中难免疏漏，恳请读者批评指正。

编著者

目录

第1章
HR 的难题：绩效管理为何如此难进行

第2章
绩效计划：分阶段做好各项工作

第3章
绩效计划类型：按照不同方向进行划分

第4章

绩效计划的制订：综合考量各个关键点

第5章

绩效辅导：切实为员工提供帮助

第6章

绩效辅导要素：共赢才是王道

第7章

绩效辅导优化：有计划、有目标、有步骤

第8章

绩效考核：评定员工的工作结果

第9章

绩效考核方法：根据自身情况进行选择

第10章
绩效考核设计：依照层级和领域制定方案

第11章
绩效改进：有针对性地进行提升

第12章
绩效管理相关表格

参考文献

第 **1** 章

HR 的难题：
绩效管理为何如此难进行

　　想要让 HR 轻松学会绩效管理，首先要了解绩效管理为何如此难进行？造成这个问题的原因有很多，可能是绩效管理不适合公司的发展，可能是 HR 掉进了绩效管理的陷阱，也可能是员工没有积极参与。只要了解了这些原因，绩效管理就会变得简单，HR 的工作也就能顺利开展。

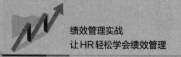
1.1 绩效管理的发展阶段

从2000年算起，绩效管理大致经历了4个发展阶段，分别是德能勤绩考核阶段（2000年前后）、多角度考核阶段（2002年前后）、KPI（关键绩效指标）考核阶段（2003—2005年）、战略绩效管理阶段（2005年至今）。当然，这只是一个大致划分，时间界限并不是非常明显，具体还要根据公司的实际情况确定。

1.1.1 >>> 第一阶段：德能勤绩考核

德能勤绩考核具有悠久的历史，此前，该方法是企事业单位在年终评比中普遍使用的方法，现在仍被很多小公司使用。

德能勤绩，德指的是品德、道德，包括政治、心理、伦理、职业等方面；能指的是能力、本领，包括工作、业务、身体等方面；勤指的是责任、态度，即必须有高度的责任感，可以认真对待事业；绩指的是业绩，即在完成工作的前提下，提高工作效率和工作水平。

德能勤绩考核作为一种历史悠久且现在仍被使用的绩效管理办法，其优势在于能够提高员工的能力和责任感，促使员工更快更好地完成工作。但是德能勤绩考核没能在社会中大规模流行，与其自身的缺陷是分不开的。它的缺陷主要表现在以下几个方面。

（1）过于重视绩效考核

绩效管理一般由四个环节构成：绩效计划、绩效辅导、绩效考核和绩效改进。其中，绩效考核只是绩效管理的一部分，单独注重绩效考核对于绩效管理来说过于片面。而且绩效考核是建立在绩效计划和绩效辅导之上的。如果不制订绩效计划，绩效考核就没有标准；如果不进行绩效辅导，绩效考核自然也收效甚微。

（2）考核内容过于简单，没有针对性

德能勤绩考核的内容十分简单，多集中在规章制度、岗位职责等方面。同一项内容可能会适用于同一部门的所有人，甚至适用于不同部门。这种千篇一律的考核缺少对不同部门的针对性，无法突出各部门工作的特点，不利于绩效管理的加强。

（3）没有部门考核的理念

德能勤绩考核通常只针对员工，而没有深入部门。换言之就是只考核基层，不考核中高层。考核是实现绩效管理的手段，而绩效管理往往以公司的目标为目标。实现公司的目标需要全员共同努力，仅仅考核基层的做法违背了绩效管理的原则。

在进行德能勤绩考核时，有些公司想先进行试点，从基层开始开展工作。该做法确实比从中高层开始开展工作的难度要低，但是最后很可能形成只考核基层，不考核中高层的局面。对于公司来说，这样并不利于实现有效的绩效管理。

那么，德能勤绩考核如何在公司中发挥作用？其实很多时候，该方法仅适用于刚起步的公司。这些公司绩效管理水平不高，还停留在只重视考核的阶段，在这种情况下，使用德能勤绩考核可以减轻考核者的压力，提升员工的工作积极性。

如果是专业性强、部门分工明确的成熟公司，就必须对绩效管理提出更高的要求。这时，考核者不能为了减轻压力选择德能勤绩考核，而应该寻找更适合公司的新的绩效管理方法，如多角度考核、战略绩效管理等。

1.1.2 >>> 第二阶段：多角度考核

到了第二阶段，绩效管理在人力资源工作中的地位提高了一些，但是很多公

司依然不可避免地把重心放在绩效考核上。不过与第一阶段的德能勤绩考核相比，多角度考核涉及的内容更全面，得到的结果也更准确、有效。

多角度考核是指从多个角度入手对员工进行考核。一般来说，考核的角度可以是员工自己、员工的上级、直接下级、同级同事，甚至客户、供应商等。在实际操作中，多角度考核的优势有以下几个方面。

① 全员参与。公司所有的员工都参与进来，这样可以调动员工的积极性，让员工对绩效管理有一个普遍认识。

② 员工比较认同，或者不得不认同。对于员工来说，多角度考核是"海陆空"，即全方位、多角度的考核。因此，多角度考核可以避免某一个考核者的偏见影响了考核的最终结果，其可信度和真实性都比较高。

③ 考核者可以做一次全面摸底，了解每个员工的大致情况，为后续的工作奠定基础。

多角度考核虽然有一定的优势，但是依然没有大规模流行起来，主要原因有二：一是工作量奇大无比；二是考核结果是"老好人"受益，而不是绩效强者受益。

先来说工作量奇大无比。在进行多角度考核时，公司需要建立一个考核委员会，该委员会一般由总经理、副总经理、总监等高层管理者组成。同时公司还要将财务、营销等部门的管理者召集在一起，组成工作小组。工作小组负责收集相应资料等工作，这些工作会耗费大量的人力物力，考核周期相当长。

再来说考核结果是"老好人"受益，而不是绩效强者受益。多角度考核将打分的权力交到每个员工手上，但是因为每个员工都有自己的好恶标准，所以在打分时肯定会偏向和自己关系好的员工。如果关系都一般，则会给那些平时和颜悦色的员工（俗称"老好人"）打高分，而绩效强者很可能会因为不善交际而遭受不公平待遇。

由此可见，多角度考核法更适合作为一个测评工具，而不是考核工具。当然，为了保证公平、公正，测评的结果也只能作为参考，而不能作为奖惩的依据。

1.1.3 >>> 第三阶段：KPI考核

第三阶段的绩效管理迎来了又一次升级，由多角度考核转化为KPI（关键绩效指标）考核。KPI是将公司内部的关键参数进行设定、提取、计算、分析，进而量化出的绩效管理指标。它通过把公司的发展战略程序化，帮助公司进行科学的绩效管理。自出现以后，KPI考核在绩效管理中占据了重要地位。不过这并不意味着所有的公司都会直接采用KPI考核，例如创立初期的小米公司。

小米公司一直追求一套更合理的机制，以便进一步激发员工的热情，让员工可以更有效率地工作。创立初期，小米公司提出了"去KPI"的口号，HR的工作也因此发生了很大变化。那么，小米公司为什么坚持"去KPI"呢？主要原因有以下两点。

（1）KPI考核自身存在问题

一般来说，采用KPI考核的大多是岗位等级比较多的公司，确定KPI的方式基本上是"下层上报，上层领导人核准"。这种方式会使上报的KPI不具有时效性。由于上报人自身的问题，导致相关工作难以落实，因此大多数KPI考核都流于形式。

刚刚创立时，小米公司采取扁平化的管理模式，其架构非常简单，只有三个等级，即"创始人—核心管理者—员工"。在这种管理模式下，除了创始人和核心管理者以外，其他员工的等级都是一样的，奖励也只有加薪，没有升职。

在互联网时代，工作效率决定了公司经济效益的高低。有些公司设置很多等级，导致一个产品的审核需要从下向上汇报，必须经过很多层才能送到决策者面前。如果中间又有部门提出需求和限制，那工作效率就会继续降低，这会挫伤员工的工作积极性。

（2）KPI考核逐渐不符合时代的要求

KPI考核是按照一定的标准进行的，这种标准有利于公司的稳步发展，可以有效地帮助公司提高"控制"能力。但是随着时间的推移和互联网的快速发展，公司的经营越来越看重效率。在这种情况下，"控制"能力就变成一种僵化的体制，这意味着公司缺乏创新性，员工缺乏创造力，这对公司和员工来说绝对不是一件好事。

与工业时代不同，互联网时代要求的是具有个性的产品。小米公司作为一家移动互联网公司，追求的是各个部门及员工作为价值创造者与互联网形成协同发展的网络效应。如果小米公司恪守KPI考核，看重绩效而不管用户，只会导致组织僵化，失去争夺更多市场的机会。

正是由于KPI考核自身确实存在问题，小米公司才会从一开始就强调"去KPI"。不过2019年，雷军公开为小米公司定了一个小目标：决胜中国市场，三年内"稳三望一"。与最初的"开心就好，不要谈什么KPI了"相比，他的想法似乎出现了变化。换句话说，一直强调"去KPI"的小米公司在一定程度上开始接受KPI。为什么会发生这种情况？

小米手机的销量在国产手机销量排名中跌出前五以后，雷军就开始定目标，这意味着小米公司正式从财务指标的层面上谈及KPI。那么，小米公司是不是真的从来就没有KPI？其实不同于其他公司的KPI关注点，小米公司最初的KPI关注点是客户指标而非财务指标。直到小米手机的销量遭遇滑铁卢，小米公司才把财务指标正式亮了出来。

创立初期，小米公司之所以不把销售额等财务指标作为目标和KPI，而是鼓励员工以客户为中心，坚持客户对产品体验的满意度就是标准，主要是因为客户与员工的有效互动，以及创造好的产品更加重要。也就是说，小米公司的打法是用客户指标带动财务指标。

如今，由于竞争压力越来越大，小米公司不得不褪去"去KPI"的外衣，重新走上"KPI"的道路。对于小米公司来说，这样的转型是自身发展成熟之后管理模式升级的需要。

通过小米公司的案例可以知道，绩效管理不是一成不变的，而是需要根据实际情况不断优化和调整。因此，HR不能固化自己的思维和行为，必须时刻关注公司的发展，并以此为基础制定新的绩效管理策略。

1.1.4 >>> 第四阶段：战略绩效管理

很多公司常常会遇到这样的问题：部门业绩突出，但公司的战略目标却并没有实现。这主要是因为战略目标与绩效管理脱节，解决该问题的方法就是使用战略绩效管理。

战略绩效管理是以公司的战略目标为基础，对员工进行多方位考核和评定的一个方法。该方法主要包括内部和外部环境分析、战略目标制定与实施、战略目标测评与监控等环节。战略绩效管理适用于大多数公司。

传统的绩效管理通常以利益为先，以提高公司有形资产为目的，这样不利于公司的长期发展。此外，传统的绩效管理难以帮助公司达成战略目标，无法体现公司未来的潜力，更无法对公司的改进和优化提供有效的参考信息。

随着时代的发展，公司的核心价值和竞争力开始从有形资产转变为以文化、信息技术、内部运营和客户群体等为代表的无形资产。在这种大环境的影响下，公司实行战略绩效管理势在必行。

战略绩效管理虽然已经被许多公司使用，但依然有一部分公司对其存在理解误区。

（1）观念上的误区

许多员工并不清楚公司的战略目标是什么，认为这只跟公司高层有关，这种想法是不正确的。此外，战略绩效管理的重点不只是绩效考核，还包括对绩效计划及其执行过程的管理。

（2）目标不切实际

有些公司不考虑运营的实际情况和政治、经济等外部环境因素，盲目为员工设定类似"销售额达到100万元"的目标。这样的目标不符合公司的战略目标，

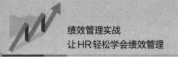
既脱离实际又很难达成，基本上是形同虚设。

战略绩效管理顺利落地的方法有以下几个步骤。

① 明确公司的战略目标。实施战略绩效管理，首先要对公司的战略目标进行梳理，明确公司发展的总方向。

② 通过因果关系链绘制战略地图。明确公司的战略目标后，战略目标所包含的一连串假设需要被转化为一系列具体的因果关系链，并根据这个因果关系链绘制战略地图。

③ 识别与分解战略目标。战略目标需要被逐级分解到各部门，各部门完成一个个小的目标，最终推动整个公司战略目标的完成。

④ 明确并落实各部门的目标。部门的目标体现了部门的价值与作用，它必须具体落实到每个员工身上。目标执行的过程和结果同样重要，部门管理者要合理分配年度目标与月度目标，使员工的工作更细化。

⑤ 绩效监控和绩效考核。在执行目标的过程中，部门管理者需要对员工进行绩效监控和绩效考核，其考核结果是员工激励和资源分配的参考。

1.2 绩效管理的三大天坑

如今，各种各样的绩效管理方法层出不穷，经验不足的HR由于过于注重成效等原因，一不小心就会掉进陷阱。在进行绩效管理的过程中存在三大天坑，HR要格外提高警惕，避免掉进绩效管理的陷阱。

1.2.1 >>> 一号天坑：认真走形式

绩效管理的一号天坑是认真走形式，即只重视形式而不重视过程和结果。有些HR虽然在做绩效管理，但是一直流于形式，对各部门的月底考核既没有汇总记录，也没有复盘沟通，导致各部门的绩效考核只是在月底匆忙给员工打个分，并不关注后续问题。这种应付差事的做法，怎能使绩效管理在公司顺利落地呢？

在实施绩效管理的公司中，这种类型的HR不在少数，他们最大的问题是让绩效管理成为公司和员工的负担。HR不重视绩效，员工更不重视绩效，久而久之，公司上下全都不重视绩效，甚至还觉着绩效是额外的工作，从而产生排斥心理。

另外，还有不少HR是为了考核而考核。HR是绩效管理工作的组织者，应该根据选择的考核方法帮助各部门管理者制定合理的绩效指标，并督促其开展绩效反馈、绩效改进等一系列后续工作，最后将所有考核信息汇总归档。但有的部门管理者在制定指标时比较随意，主要以自己的判断甚至喜好为依据，从不和员工沟通，而HR为了完成工作也没有及时提醒部门管理者。最后导致制定出的指标对员工没有指导意义，不能有效支撑公司的战略，对总目标的达成也没有任何帮助。

因此，HR在进行绩效管理的过程中一定要避免形式主义，要将工作真正落到实处。只有这样才能让绩效管理发挥最大的作用，成为公司发展的助力。

1.2.2 >>> 二号天坑：中高层与基层相脱离

绩效管理的二号天坑是中高层与基层脱离，主要表现在以下几个方面。

（1）只考核基层，不考核中高层

不少HR在做绩效管理时只有基层考核方案，没有中高层考核方案。中高层考核一般都是由CEO（首席执行官，这里代指最高层领导者）亲自带队进行考核，而HR常因为职权不够就干脆不制定中高层的考核方案。这是许多HR在进行绩效管理工作时的一个误区。HR负责整个绩效管理的组织工作，需要制定整套的考核流程和方案，包括基层和中高层。虽然是CEO亲自带队考核中高层，但HR要负责安排考核步骤、提供考核工具以及汇总考核结果等工作。

绩效管理的核心是实现公司的战略目标，而战略目标的实现需要公司上下共同努力，不能只依靠基层员工。中高层没有考核，就没有压力，很容易脱离基层工作，做出错误的判断和决策，最终影响公司战略目标的实现。

（2）高层不参与制定目标

公司的战略目标应该由最高层领导者亲自抓，然后再由HR分解给各部门，最后由所有的员工一起实现。在整个过程中，公司上下的劲应该是往一处使的。但是有的公司的战略目标却由部门管理者来制定，各部门各自为政，制定的目标缺乏整体性和一致性。这会使公司的战略目标分散，严重影响公司的发展。

公司的发展很大程度上取决于CEO的战略思维。假设万科没有王石的战略目标指引，联想没有柳传志的战略目标指引，海尔没有张瑞敏的战略目标指引，只是各部门简单制定工作目标，这些公司肯定不会有如今的成就。

1.2.3 ≫ 三号天坑：把绩效管理和绩效考核画等号

绩效管理的三号天坑是把绩效管理和绩效考核画等号，也就是在绩效管理过程中过于重视绩效考核。绩效管理是公司为促进自身发展、提升员工能力和部门业绩而构建的一个完整的系统。该系统包括绩效计划、绩效辅导、绩效考核、绩效改进四个环节，HR需要通过这四个环节的有机循环，激励员工不断成长，促进战略目标的实现，如图1-1所示。

绩效考核是对员工、部门等的工作完成情况进行考察和评价，进而在薪酬中有所体现，它只是绩效管理中一个非常重要的环节。在实际工作中，有些HR将两者混作一谈，把绩效考核当作绩效管理的全部内容。这样会导致公司上下过分强调绩效考核，所有的资源分配都以绩效考核的结果为依据，从而对公司和员工的发展造成严重影响。

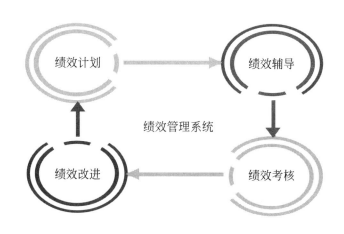

图 1-1　绩效管理系统的有机循环

如果对绩效管理没有科学认知，将绩效考核作为约束、刺激员工的手段，盲目施行绩效考核，员工可能只注重绩效和眼前利益，不会形成内在驱动力。长此以往，员工沦为绩效指标的"奴隶"，不再关心个人价值的提升和公司的发展，自然不利于公司和员工的发展。

每个HR都应该清楚地知道，绩效管理是以发展为导向的系统，而绩效考核只是其中一个必不可少的环节。如果HR设计的绩效管理流程只简单地实施绩效考核，盯着眼前利益，那就是舍本逐末的做法，并不能对员工起到长期的激励作用。HR应该关注绩效管理中的每个环节，让员工充分意识到，重视绩效能有效促进其个人成长。

1.3　全员参与，做好"三定四重"

"绩效管理只是人力资源部门的事情。"不仅其他部门的员工这样认为，很多HR也这样认为。这是对现代绩效管理缺乏系统理解所造成的一个典型的思维误区。

首先，绩效管理就像一个中枢系统，与公司的各项业务都相关；其次，绩效管理的目标不是完成某一项工作，而是要促进整个公司和所有员工的发展；最后，绩效管理涉及公司的各个部门，而HR需要做的就是在不同部门之间协调，帮助他们做好绩效考核工作。因此，绩效管理不仅是人力资源部门的工作，还是每个部门、每个员工的工作。

张先生想在自己的公司推行绩效管理，但是因为没有设立人力资源部门和专业的HR，所以他不得不聘请HR小王来负责这项工作。小王为公司制定了详细的绩效管理方案，谁知仅过了两个月，很多员工就对这个绩效管理方案提出了质疑，纷纷表示不满，甚至有一些员工因此辞职。在这种情况下，小王的绩效管理工作难以继续推行，只得暂停了所有绩效管理工作。

由于受到此次失败的打击，张先生参加了绩效管理的相关培训课程。经过长时间的深刻反思和努力学习，他明白了自己的问题是将绩效管理工作全权交给了外聘的HR。该外聘HR不了解公司业务，更没有和各部门沟通协商，直接大包大揽地制定了绩效管理方案，该方案脱离实际，引发了员工的不满意。

整个公司实际上是一个大的绩效管理系统，里面包含了所有的部门和员工。此外，除了完成任务和目标，各部门还需要参与招聘、考核、培训、开发等工作，HR则在整个过程中起到协调和推动的作用。

绩效管理要想切实有效，必须要有各部门的配合。在信息时代，单纯依靠人力资源部门和HR是很难做好绩效管理工作的。公司上下必须都了解绩效管理的重要性与特性，所有员工都要秉持绩效管理人人有责的态度，绩效管理才能真正实现落地。

1.3.1 》》》 HR的四种角色

如今，外部环境的剧烈变化对公司的发展提出了更高的要求，因此，公司内部的绩效管理也要随之优化。在这个过程中，HR的角色也随之发生了改变，在现代公司中，HR通常扮演以下四种角色。

（1）合作伙伴

前文提到过，制定战略目标是公司高层的工作，HR在其中扮演的是参与者和建议者的角色。作为公司高层的合作伙伴，HR应该从绩效管理的专业方向提出一些指导性意见，与公司高层共同商议战略目标的制定以及实现方案。具体来说，HR的职责有以下几个方面。

① 负责制定公司组织框架。所谓组织框架是指公司的基本运作模式，如由战略、结构、奖励、流程以及员工组成的星形框架等。在实际操作中，HR采用何种组织框架并不重要，重要的是让公司高层熟知这个组织框架，从而按照该框架制定战略目标。

② 负责公司组织框架的审查。HR为公司制定组织框架，在初步完成后，要开会分析组织框架的优势及不足之处，继而协调各部门进行改进，最终确定正式的组织框架。这是HR对组织框架的审查。该项工作可以保证公司组织框架的合理性，降低后期运行时出现错误的概率。

③ 负责为组织框架的疏漏之处提供补救方法。HR在对组织框架进行审查后，若发现某处漏洞或问题，必须及时提出解决方案，协调各部门进行改进。

④ 必须把自己所有的工作都清楚地列出来。HR要明确自己所有的工作，随着绩效管理工作的推进，HR要及时通知各部门下一步考核的时间及内容，保证绩效管理工作的流畅进行。

（2）技术专家

HR在绩效管理过程中的第二个角色是技术专家。HR运用自己的专业知识为公司的绩效管理提供工具和建议，确保绩效管理的流畅和规范。例如，一家公司利用新技术筛选简历，进一步缩短了招聘周期，该公司的HR也因此提高了工作效率，降低了工作成本，减轻了工作压力。

（3）员工后盾

在新的发展要求下，HR成功转型为员工的后盾。在这个角色中，HR的职责是提高员工对工作的积极性，培养他们对公司的责任感和荣誉感。过去，HR一般采用组织野餐、聚会等活动的方法，加强员工的凝聚力。现在，除了这些旧办法，HR还负责培训和指导部门管理者提高员工积极性，以便让员工在日常工作中顺其自然地形成团队意识。此外，HR还负责汇总员工的绩效问题，为他们的职业发展提供建议和帮助。

（4）变革推动者

如今，公司需要跟上时代的发展，创新管理体系。作为绩效管理工作的负责人，HR无疑是变革的推动者。其职责是帮助公司建立高效的团队和考核方案，确保公司内部的工作效率，将公司的愿景转化为具体的行动。

1.3.2 >>> 绩效管理的"三定四重"

绩效管理工作可以简单概括为"三定四重"。三定指的是定目标、定标准、定权重，而四重指的是重体系、重辅导、重面谈、重奖励。"三定四重"需要全员参与才可以顺利实现，因为绩效管理不仅仅是HR的工作，HR只是绩效管理工作的"带头人"，具体的确定各部门指标、反馈面谈等工作还需要管理层以及全体员工配合才能完成。

（1）定目标

定目标是整个绩效管理的核心工作。没有目标，绩效管理的相关工作都无法展开。绩效管理的目标包含两方面：一是公司的总目标，二是将总目标逐层分解之后得到的小目标。

定目标的常用方法是：先制定公司的总目标，再把总目标分解到部门，然后基于部门的目标，明确每个员工的目标，并根据每个员工的目标制订工作计划，最后从工作计划中提取用于绩效考核的关键业绩指标。

在公司高层确定总目标后，HR需要将总目标通知到各个部门，告知各部门管理者制定本部门绩效目标的时间，并为其提供相关表格等工具。最后，待所有目标确定后，HR要将这些内容整理并归档。

（2）定标准

确定了目标之后，就要确定达成目标的标准。定标准就是在目标的基础上设置时间、质量等限制，以评价目标的完成效果。有了标准，目标才能够高效地被实现。HR在设计绩效表格时需要注意标准应该有层次，例如，将标准分为优秀、良好、合格、差和较差等层次，可以更细致地划分出员工的工作水平。

（3）定权重

在绩效管理中，员工的工作表现存在多样性，而且会受到很多因素的影响。因此，HR在对各部门管理者进行指标制定培训时，一定要分清各指标的主次以及体现出部门的考核重点。定权重就是确定各指标的占比，通常占比越大的指标越重要，反之亦然。权重可以让各指标形成区别，从中反映出公司或部门的业务重点。

（4）重体系

绩效管理包括四个环节：绩效计划、绩效辅导、绩效考核、绩效改进。重体系就是要求HR重视每一个环节。例如，有的HR只重视绩效考核，这是不对的。在绩效管理中，每一个环节都有着不可替代的作用，绝对不可以忽视。只有同时兼顾这四个环节，绩效管理的效果才可以发挥到最大。

（5）重辅导

绩效辅导是绩效管理的重要环节，这个环节直接影响绩效目标的实现。绩效辅导的目的是对被考核者实时监控，以保证被考核者顺利达成绩效标准。在这个过程中考核者要与被考核者及时就当前存在的问题进行沟通，并与被考核者一同制定改进方案，解决问题。

（6）重面谈

部门管理者需要就绩效考核的结果与员工进行面谈。面谈内容包括两方面：

一方面，如果员工对绩效考核的结果有疑问，可以告知部门管理者，部门管理者筛选有用的内容汇总到人力资源部，便于下一次绩效考核的改进；另一方面，部门管理者需要就员工的考核成绩与其进行沟通，对于绩效完成不好的员工，部门管理者要帮助其分析原因，并适当为他们改进绩效计划。

（7）重奖励

绩效考核最基本的作用就是作为员工升迁、涨薪的依据。在绩效管理中，及时奖励是提高员工积极性与主动性最好的方法。公司只有及时把绩效考核结果兑现成奖励，才能激励员工更好地完成工作。

第 2 章

绩效计划：
分阶段做好各项工作

绩效计划是绩效管理的基础，是考核人和被考核人为实现绩效目标共同制订的行动计划。绩效计划的制订需要由公司高层、各部门管理者、HR、员工共同参与，以保证公司各方人员明确自己的职责，避免绩效管理流于形式。

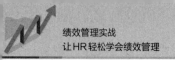
2.1 前期工作：汇总多方信息

合理的绩效计划能帮助公司顺利推进绩效考核工作，准确知道员工的工作状况，从而制定下一步的发展战略。制订绩效计划需要统筹各方意见，了解多方面信息，HR作为"调解员"需要沟通各方意见，帮助各部门管理者制订出各方都满意的绩效计划。

2.1.1 >>> 与公司相关的信息

制订绩效计划是考核者和被考核者为绩效目标的实现进行沟通的过程，沟通的结果应落实为书面协议即绩效计划，它是双方在明确权利和义务的基础上签订的内部协议。制订绩效计划需要分析各方信息，由上到下制订，最终落实到个人。

制订绩效计划需要公司信息、部门信息以及员工信息。其中与公司相关的信息包括战略目标、经营计划等，这些信息通常由公司高层确定。制订绩效计划是从公司顶层开始设计，公司高层需要根据公司战略目标、经营计划等为绩效计划设计大框架，以保证绩效计划可以诠释公司的发展战略。

战略目标是公司未来经营方向的指引，各个部门的目标应该由公司的战略目标分解而来。各部门管理者在制订本部门的绩效计划时，除了要参考公司的战略目标，还要参考公司的经营计划。公司的经营计划是公司在一段时间内的工作任务。在移动互联网时代，市场瞬息万变，没有什么策略是万能的，所以公司的经营计划也在不断调整。各部门管理者需要时刻更新自己的信息库，制订符合公司经营计划的绩效计划，以保证部门下一步的发展不会偏离公司整体的方向。

掌握信息是各部门管理者制订绩效计划的第一步。各部门管理者还要对绩效计划进行分解，这里的分解既包括自上而下的逐级分解，即逐级落实公司整体的绩效任务，还包括基于时间段的分解，即将公司整体的绩效任务分解成部门每个绩效考核周期的任务。另外，制订绩效计划的周期不能太短，必须留给高层足够的调整时间。而具体到岗位，绩效计划的分解要尽可能细化，以便为量化考核奠定基础。

绩效计划的合理性取决于多方面因素，最主要的因素是公司所属行业的总体情况以及公司的现状。为了确保绩效计划的合理性，各部门管理者不能一味地"埋头苦干"，还要多了解行业信息，如公司的市场行情、发展方向、行业地位等。

HR作为绩效管理工作的组织者和推动者，应该在制订绩效计划时协调各方意见，使考核人和被考核人都积极参与其中，以保证绩效计划可以符合公司的发展目标并且充分体现岗位职责。

绩效计划作为公司正常运营的一项重要保障，一经确立，不可随意调整。除非外界情况和公司内部发生重大变故，绩效计划才会进行调整。因为绩效计划的调整关系到整个公司，HR需要重新组织各方人员开展制订绩效计划的工作，公司高层需要根据发展战略重新确定绩效计划的框架，而各部门管理者需要重新搜集信息制订具体的绩效计划。

2.1.2 >>> 与部门相关的信息

与部门相关的信息是制订绩效计划的基础信息，绩效考核的各项指标都来自于部门信息。部门管理者应当向员工明确工作目标，以便让员工了解自己所在部门的具体经营任务，从而在工作过程中把握住重点。部门管理者直接掌握着部门信息以及员工的工作情况，但绩效计划的制订并不只是HR与各部门管理者的沟通，它还涉及部门管理者和员工的沟通。未与员工沟通就制订绩效计划，很容易在执行绩效考核时因绩效计划不符合员工的实际情况，而引起员工的不

满，进而使绩效管理工作推行困难。

部门管理者与员工沟通时应当注意以下三个方面的信息。

① 部门绩效计划来源于公司的年度计划和部门的工作计划，部门管理者是最了解这些信息的人。部门管理者应当提前将公司的战略目标、部门的工作计划等信息告知被考核人，就绩效考核的问题与之达成一致的意见，从而加深其对绩效目标的理解。

② 部门以往的绩效考核指标和各指标权重、绩效考核标准等信息也非常重要，在绩效考核体系比较完备的公司，各部门都有专属的绩效考核指标和权重标准。各部门管理者需要按照部门的近期工作重点和组织架构等信息，综合确定各岗位的绩效考核指标和权重，以便为绩效计划的制订增加素材。

③ 明确部门应该得到的资源支持。任何绩效计划的落实都离不开资源支持。部门管理者应该及时与HR进行沟通，保证本部门开展绩效工作的资源支持，打消员工的顾虑。若HR无法保证提供足够的资源支持，就要及时向部门管理者说明情况，并请示上级领导调整绩效计划，直到达成一致意见。

2.1.3 》》》 与员工相关的信息

制订绩效计划还要考虑与员工相关的信息。这里所说的与员工相关的信息主要包括两个：一是员工工作职责界定的信息；二是上一期绩效考核的结果。员工工作职责界定的信息主要指的是员工在工作中要履行的职责，部门管理者需要以此为出发点，明确员工的工作任务，将员工个人的工作任务和岗位的需求统一起来。

一般，员工的工作内容和工作任务具有关联性和传承性，因此，在制订新一轮的绩效计划时，应该兼顾员工之前的工作完成情况和评估结果。同时，如果部门管理者通过之前的信息发现员工有需要提高、改进的地方，那么在新一轮的绩效计划中也应当体现出来。

2.2　中期工作：与员工进行有效沟通

与员工进行有效沟通是制订绩效计划的重要环节。在这个环节中，部门管理者要与员工深入交流，并就绩效目标和绩效考核标准与员工达成一致意见。

2.2.1 >>> 与员工进行有效沟通的三个原则

在沟通过程中，部门管理者要选择理想的环境，营造良好的氛围，不要让员工有太大压力。在开始沟通之前，部门管理者需要选择一个专门的时间用于沟通。为了与员工进行有效沟通，部门管理者要坚持平等、互动、辅导支持这三个原则。

（1）平等原则

部门管理者作为领导，与员工的地位是不平等的，员工很可能会因为怕得罪领导，而不敢发表自己的意见。因此，部门管理者在与员工沟通时要注意放低姿态，让员工大胆表达自己的意见。只有部门管理者与员工平等对话，才能进行有效沟通，确保绩效计划的顺利落实。

（2）互动原则

一般来说，员工对本部门工作有着最清楚的了解和认识，因此，在制订绩效计划时，部门管理者应当调动起员工的参与热情，将部门员工聚集到一起，进行头脑风暴，让员工多提出意见和建议，充分发挥员工的主观能动性。

（3）辅导支持原则

在沟通时，员工可能会提出因为缺乏资源导致绩效目标难以实现的问题。这

分为两种情况：一是资源比较充分，主要是员工的心态出了问题；二是真的存在资源不足的问题。部门管理者必须分析是哪一种情况，并采取相应的措施。

如果是员工的心态出了问题，部门管理者就要结合实际，引用成功案例，调整员工的心态，使员工努力去实现绩效目标；如果是资源不足，部门管理者就要尽可能为员工提供资源上的支持。如果部门管理者能够决定资源的配置，就要在自己权限范围内提供足够的资源支持；如果不能决定资源的配置，就要向上级领导反映情况，获得相应的资源支持。

2.2.2 >>> 掌握必备的沟通技巧

制订绩效计划时，沟通极为重要，有效的沟通能够使部门管理者和员工团结起来。要想确保绩效计划的顺利进行，部门管理者必须具备出色的沟通能力。根据经验，有效的沟通可以归结为以下三种技巧。

第一，在真诚的前提下，"看人下菜碟"。这句话看似自相矛盾，实际上很有道理。"重剑无锋，大巧不工"，真诚是沟通中最基本的原则。与所有的沟通一样，绩效计划的沟通同样是为了传递信息、拉近部门管理者与员工之间的距离、解决问题。无论与什么样的员工沟通，真诚的态度都能打开对方的心扉。

由于每一名员工的能力、性格、思维方式都不相同，喜欢的沟通方式和内容自然也有不同。"看人下菜碟"就是说，沟通要因人而异。要想做到这一点，部门管理者首先要让自己做到"精确细分"，在沟通的过程中，这条是首先要掌握的技巧，面对不同的员工，运用不同的沟通方法，会让员工乐于沟通，进而大大提高沟通效率。

第二，控制氛围。绩效计划的沟通同样离不开合适的氛围。部门管理者在与员工沟通时，如果感觉到氛围尴尬，如员工变得不耐烦、局促不安、眼神迷离、岔开话题等，就应当暂停沟通，帮助员工调整心态。当员工排斥沟通时，部门管理者如果还勉强去沟通，效果就会大打折扣。

第三，坚守底线。在沟通的过程中，部门管理者不能一味迁就员工，那样不仅无法保证沟通的有效性，还有损自己的威严。对于已经敲定的内容，如果有员工公然违背，就必须零容忍，部门管理者对此要明确表示反对。例如，员工借故提出不能交工作日志，说自己如何忙、没有时间写等，这时部门管理者要明确告知员工，工作日志关系到绩效计划的好坏，这件事情没得商量。

在进行沟通时，部门管理者必须坚持自己的态度，这样才能让员工心生敬畏，不再提出无理要求。此外，部门管理者还要学会恩威并施，拒绝本身也是一种沟通的技巧。沟通方式可以变，但基本原则不能变。未过底线，部门管理者可以和员工耐心沟通，而越过底线，部门管理者就必须坚守原则。否则，绩效计划也将难以落实。

HR虽然不会直接参与部门管理者和员工的沟通过程，但却是沟通工作的组织者和推动者。HR需要根据绩效计划制订的进程，通知部门管理者开始面谈的时间，并就面谈内容和面谈技巧对部门管理者进行培训。最后就面谈结果与部门管理者进行沟通，并进行记录和总结。

2.3 后期工作：对绩效计划进行审核

在经过前期的信息收集和中期的沟通后，绩效计划的制订已经初步完成。最后一步是上报公司管理层审核，最终确定公司的绩效计划。

2.3.1 》》 复盘：是否达到了预期的结果

小李是一家公司的HR，公司高层要求各部门管理者修订本部门的绩效计划，要求在3月1日前反馈给总经理。小李将通知发给了各部门管理者，而直至2月28日小李和各部门管理者沟通时，各部门管理者还没开始修订绩效计划。为了完成工作，小李直接把公司绩效指标分解到了各部门，按公司的目标值修改了

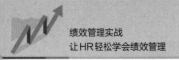
各部门的绩效计划。可是一个月后，各部门管理者都来向小李反馈，说绩效计划不合理，很多目标都不合理。

这是一个绩效计划制订失败的案例，案例中的小李为了按时完成工作，代替各个部门的管理者做了绩效计划的审核工作，导致最后确定的绩效计划和各部门的实际情况脱节。

因为不了解各部门的实际情况，HR显然是没有权力代替各部门管理者制订绩效计划的。HR要做的是与各部门管理者充分沟通，让他们明确审核绩效计划的重要性，并督促他们及时完成审核工作，以便及时改进绩效计划的问题，确立最终的绩效计划。

各部门管理者要对绩效计划进行复盘，判断其是否能达到考核的目的，具体需要把握以下五个重点。

① 员工的工作目标与公司的总体战略目标、经营计划紧密联系起来，同时还要保证员工能清楚地认识到自己的工作目标对公司的总体战略目标、经营计划的重要意义。

② 员工的工作目标符合公司的现有情况，与公司的工作重点相一致。

③ 部门管理者与员工就员工的工作目标、各项工作目标的主次情况、完成各项工作目标的界定标准、需要完成的各项工作目标的权重、员工在工作过程中享有的权利达成一致意见。

④ 部门管理者和员工都非常清楚地知道在实现工作目标的过程中可能会遇到哪些困难和问题，并且明确公司可以提供的帮助和资源支持。

⑤ 部门管理者与员工沟通、协商的结果已经形成契约，并且双方签字确认无异议。

2.3.2 >>> 案例：某公司的绩效计划制订

A公司创建于1978年，至今已有四十年生产电子元器件的历史，是一家大型的高新技术企业。2019年，A公司全年的销售业绩较前一年增长了8.2%。2020年3月，公司高层领导决定奖励部分表现出色的员工，同时，辞退部分表现不佳的员工。于是，安排公司的人力资源部制订了一份月度绩效计划，2020年4月将依据绩效考核结果决定给哪些员工奖励和辞退哪些员工，如表2-1所示。

表2-1　A公司的月度绩效计划

姓名			部门			职位			
出勤奖惩	迟到	旷工	产假	婚假	丧假	病假	事假	奖励	处分
加（扣）分									
项目	评价内容					评分	初核	复核	评语
业务能力	经常在规定的时间之前，保质保量完成工作任务					25			（初评）
	能够严格按照规定的时间，保质保量完成工作任务					20			
	基本上能够做到按时、保质保量完成工作任务					15			
	偶尔出现小的疏漏或不能按时、保质保量完成工作任务					10			
	工作中出现过大的失误，或经常不能按时、保质保量完成工作任务					5			
协作能力	有团队协作意识，经常协助其他同事完成工作任务					25			
	有团队协作意识，能够与其他同事良好协作					20			
	工作中肯为其他同事帮忙					15			（复评）
	仅在必须与协调的工作上与其他同事合作					10			
	工作作风散漫，不肯与其他同事合作					5			
责任感	任劳任怨，竭尽所能达成工作任务					25			
	努力工作，能够做好本职工作					20			
	有责任心，能够发挥主观能动性					15			
	工作不积极，交付的工作经常需要督促方能完成					10			
	敷衍了事，工作态度消极，做事粗心大意					5			
客户满意度	第一时间满足客户所需，经常获得客户的高度评价					25			
	基本能够及时满足客户所需，获得客户的满意					20			
	能够满足客户所需，没有客户投诉					15			
	偶尔与客户发生矛盾，一年受到客户的投诉少于5次					10			
	经常与客户发生矛盾，一年受到客户投诉在5次以上					5			
总分									

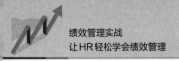

最终绩效考核结果以分数表示，各个绩效考核分数对应的等级如表2-2所示。

表2-2　绩效考核分数对应的等级

绩效考核分数	对应等级	评价
90 ~ 100	A	优秀，员工的工作表现特别突出，经常高于所在工作岗位的一般要求
75 ~ 85	B	良好，员工的工作表现优异，有时高于所在工作岗位的一般要求
60 ~ 70	C	合格，员工的工作表现较好，能够达到所在工作岗位的一般要求
45 ~ 55	D	较差，员工的工作表现较差，勉强达到所在工作岗位的一般要求
40 以下	E	极差，员工的工作表现极差，不能够达到所在工作岗位的一般要求

每一名员工的月度绩效考核结果直接与其当月的绩效工资挂钩：绩效考核结果为A级的，当月绩效工资上浮20%；绩效考核结果为B级的，当月绩效工资上浮10%；绩效考核结果为C级的，当月绩效工资保持不变；绩效考核结果为D级的，当月绩效工资下调20%；绩效考核结果为E级的，公司将考虑予以降职或辞退。

A公司制订的绩效计划，综合考虑到了公司员工在工作过程中的各个方面，奖惩分明。评为不同等级的员工，当月的绩效工资也有较大的差别，有明显的激励效果。自绩效计划落实后，公司员工的工作积极性和主观能动性都有了显著提升。科学合理的绩效计划，应当把奖励措施设计得让人兴高采烈，把惩罚措施设计得让人心服口服，这样在实施过程中才会有明显的作用。

2.4　案例分析：绩效计划是绩效管理的基础

绩效计划回答了绩效管理做什么、如何做以及做的标准等问题，制订绩效计划是绩效管理的基础工作。下面通过两个案例说明合理的绩效计划是如何帮助公司发展的。

2.4.1 >>> 摩托罗拉的新型绩效计划

摩托罗拉内部一直盛行这样一个理论：人力资源管理 = 绩效管理。可见，绩效管理在摩托罗拉占有举足轻重的地位。摩托罗拉非常重视绩效管理，正因为如此，摩托罗拉才打造出了全方位的新型绩效计划。摩托罗拉认为，绩效计划的制订要综合考虑各方面因素，在制订绩效计划时，考核双方是合作关系，双方应该在以下六个问题上达成共识。

① 员工应该为公司做什么？

② 员工的工作为公司的发展做出了什么贡献？

③ 怎么样才算做好了工作？

④ 部门管理者怎么样才能帮助员工提高绩效？

⑤ 绩效怎么去界定？

⑥ 影响绩效的问题有哪些？怎么样去解决？

从这六个问题不难看出，制订绩效计划是为了优化员工的绩效，而员工的绩效又服务于公司。因此，公司的发展前景与员工的绩效密不可分，绩效计划的制订要充分体现出全局性。考核者不是员工的"裁判"，而是员工的"教练"。这种转变是一种创新，可以让考核者的思维更加开放，公司内部也能变得更加民主。随着合作理念的深入人心，考核者与被考核者之间的关系会更加融洽，互动也会更多，双方共同提高、共同进步，这也是绩效计划想要实现的目的之一。

摩托罗拉还注重沟通。制订绩效计划的过程也是一个沟通的过程，离开了沟通的绩效管理很容易出现各种问题。考核者和被考核者需要就工作目标、形式、标准等方面的内容充分沟通，最终形成文字。

指标和评价标准是绩效计划中的关键点，指标能不能完成、完成得好坏对公司来说非常重要。所以，摩托罗拉强调绩效计划的具体化，即目标具体化、界

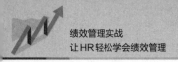
定标准具体化、影响绩效的问题具体化。只有把各种因素具体化，绩效计划才具有可实现性。因此，在制订绩效计划时，确定指标和评价标准必须慎之又慎。在摩托罗拉，指标的选择和评价标准的确定至少要花费四个月时间。

摩托罗拉将绩效计划的制订视为一项系统工程，将绩效计划放在整个运营体系内，从宏观的角度去看待它，使绩效计划与其他的组成部分相互作用、密不可分。例如，在制订绩效计划时，把员工的指标分成了两部分：一部分是工作目标；另一部分是行为规范。这两部分相互补充、缺一不可，共同为提高员工绩效和促进公司发展服务。

综上所述，摩托罗拉将绩效计划的制订提升到了公司发展战略的高度，并采取了许多行之有效的方法确保绩效计划顺利落实。在移动互联网时代，一个公司"其兴也勃焉，其亡也忽焉"。公司要想发展壮大，离不开科学、有效的绩效计划，只有不断向摩托罗拉这样的优秀大公司学习，取其精华，化为己用，公司才能在激烈的市场竞争中立于不败之地。

2.4.2 >>> 某银行如何为各支行制订绩效计划

假设一个歌星和一个演员，他们每天都做两件事情——唱歌和演戏。歌星唱歌好听，但是演戏一般，所以歌星唱一天歌能挣10000元，但是演一天戏只能挣1000元，而演员正好跟歌星相反。同样两天时间，如果他们分别唱一天歌和演一天戏，每个人只能挣11000元，合计是22000元。如果两个人分别发挥自己的比较优势，歌星只唱歌，演员只演戏，那么歌星可以唱两天歌，演员演两天戏，他们分别挣20000元，合计40000元。这就是比较优势，也叫资源禀赋。

比较优势可以帮助我们在竞争中脱颖而出，小到一个人、一个企业，大到一个国家，都应该用好自己的比较优势。制订绩效计划也要考虑各方的比较优势，为每一个部门制订出最优的绩效计划。

一家银行有46家支行，每家支行都要考核两个核心指标：存款余额、贷款余额。然而这46家支行情况各不相同，有的是存款指标容易完成，而贷款指标不容易完成，有的是贷款指标容易完成，而存款指标不容易完成，还有的是两个都容易完成。

以贷款为例，贷款额度最少的支行只有2000万元左右，而贷款额度最多的支行达7.6亿元，两者相差38倍。存款也一样，各支行之间的差异最高达到了几十倍。而各支行自己行内贷款和存款的比值差异也比较大。

按照总行的考核要求，各支行既要考核存款又要考核贷款，二者各占50%的权重。各支行的管理层为了完成自己的考核指标，就必须把自己的时间和精力同时分摊到两个指标上，存款占50%的时间和精力，贷款占50%的时间和精力，如此一来，不仅效率较低，而且各支行的效益也没有得到提升。

于是总行按照存款业务、贷款业务的效益把各支行从低到高排序，把所有的支行分成四大类。那些存款业务和贷款业务效益都好的支行依然按照原来的方式考核，而对存款业务和贷款业务有一方面比较差的支行用比较优势分别定位。高存款、低贷款的支行采取存款为主的定位，而低存款、高贷款的支行采取贷款为主的定位。

例如，A支行存款2.5亿元，贷款只有0.4亿元；B支行存款2.6亿元，贷款有5亿元。如果两家支行都把时间和精力平分到存款和贷款上，假设两支行分别能提升10%的业绩，A支行最后能做到存款2.75亿元，贷款0.44亿元；B支行能做到存款2.86亿元，贷款能做到5.5亿元。两者合计存款总额5.61亿元，贷款总额5.94亿元。

两家支行对比来看，A支行的比较优势是存款，而B支行的比较优势是贷款。而将绩效计划调整后，A支行侧重考核存款，B支行侧重考核贷款。这样一来两家银行重新进行了定位，B支行是贷款行，A支行是存款行，B支行主要把精力和资源主要放到贷款上，而A支行把精力和资源主要放到存款上。按照上面的假设，B支行的贷款增长了20%，最终的贷款额是6亿元，而存款没有增长。A支行的存款增长了20%，达到了3亿元，而贷款没有增长。两家支行最后合计的贷款额是6.4亿元，存款额是5.6亿元，如表2-3所示。

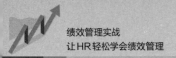
表 2-3 A、B 两家银行绩效计划改进前后的对比

单位：亿元

支行	期初存款	期初贷款	用比较优势前存款	用比较优势前贷款	用比较优势后存款	用比较优势后贷款	存款差异	贷款差异
A	2.5	0.4	2.75	0.44	3	0.4		
B	2.6	5	2.86	5.5	2.6	6		
合计	5.1	5.4	5.61	5.94	5.6	6.4	-0.01	0.46

　　最后，各家支行都有了自己明确的定位，分别赋予不同的权重。高存款高贷款的支行存贷款的权重仍各占50%，而有的支行贷款权重占80% ~ 100%，有的支行存款权重占80% ~ 100%。按照实际情况为每家支行改进绩效计划后，该银行的总体效益得到了提升。

第**3**章

绩效计划类型：
按照不同方向进行划分

从静态的角度看，绩效计划是HR与部门、员工之间签订的衡量工作目标完成情况、确定绩效考核相关事宜的契约；从动态的角度看，绩效计划是上下级之间就应该完成哪些工作以及工作需达到什么标准的讨论，只不过这个讨论最终会落实到书面上。根据责任主体与时间周期的不同，绩效计划可以有多种类型，如部门绩效计划、月度绩效计划等。

3.1 按照责任主体划分类型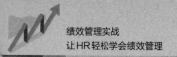

不同责任主体有不同的绩效计划，公司、部门、员工都有其各自的绩效计划，而各责任主体的绩效计划又是环环相扣、紧密联系的。一个部门要完成绩效计划，这个部门的员工就要先完成各自的绩效计划。同样，公司要完成绩效计划，各部门就要先完成绩效计划。

3.1.1 >>> 基于公司的绩效计划

公司的绩效计划要想真正落到实处，成为实现战略目标和经营计划的保障，就必须让全体员工都参与进来。公司层面的绩效计划不在于"考核"，而在于从宏观方面制定公司的发展方向，为公司的发展定下一个基调。

1997年苹果公司曾陷入危机，乔布斯重回苹果，大刀阔斧地缩小了公司的业务范围，仅保留了核心部分。他将苹果的15个台式机型号削减到1个，将所有的手持设备型号削减到1个，完全剥离了外围范围业务，减少开发工程师和经销商，将销售模式改为了网站直销。乔布斯通过从整体调整公司的战略目标和经营计划，改善了苹果公司的现状，解除了危机。

这个案例说明公司整体也要有目标和计划，它就像是指路明灯，指引着各个部门的工作方向。如果公司整体的目标不明确，其他部门的工作都将很难开展。

公司的绩效计划通常是围绕战略目标和发展方向制订的，具体工作由公司高层负责。各部门的绩效计划都是由公司的绩效计划分解而来，始终与公司的战略方向保持一致。HR需要对各部门管理者以及员工进行公司绩效计划的培训，以便让他们更深刻地理解绩效计划，从而为下一层级绩效计划的制订打下牢固的群众基础。

同时，加深对公司绩效计划的理解还能强化员工的主人翁意识，促进员工更积极主动地投入工作。员工对公司的绩效计划了解得越多，就越容易对公司的战略目标和经营计划产生认同感，绩效管理工作也因此更容易开展。

3.1.2 >>> 基于部门的绩效计划

部门管理者在制订绩效计划时，先要对公司的战略目标和经营计划进行深入剖析，然后逐级分解公司的绩效计划，从中提取出相应的绩效指标。

例如，一家制造业公司某年的年度目标有两个，一是销售额要做到20亿元，二是通过减少废品数量来降低废品率。根据这两个年度目标，可以提取出公司层面的绩效指标，即销售额20亿元，市场占有率维持在30%，废品次品率降低5%。

假设该公司一共有三个部门，销售部、生产部、人力资源部。

销售部负责销售任务，所以"销售额20亿元""市场占有率30%"肯定是销售部的绩效指标。如果部门管理者想要公司保持长期优势，还可以加一个"销售满意度80%"的指标。

生产部主要有两个职责，一是完成生产任务，二是降低废品率。假设废品率高的主要原因在原材料质量、加工流程和工艺三方面，"废品次品率降低5%"这个指标就可以被分解成："采购缺陷率降低5%"，即从采购源头上保证产品原材料合格；"单板加工合格率95%"，即从制造流程上保证产品合格；"工艺改进"，即从工艺流程上保证产品合格。

那么作为职能部门的人力资源部应该如何分解绩效指标呢？第一，"销售人员及时满足率100%"，这个指标是支撑"销售额20亿元""市场占有率维持30%"这两个指标的。第二，"骨干员工流失率降低2%"，这个指标如果是对销售人员提出的，则支撑"销售额20亿元""市场占有率维持30%"两个指标；如果是对生产、研发人员提出的，则支撑后一个指标；如果不分类别，则支撑"废品次品率降低5%"这个指标。第三，"在生产部推行QCC（品管圈）活动"。

第四，"生产人员技能合格率95%"，这两个指标支撑"单板加工合格率95%"这个指标。

分解公司绩效计划的方法主要是分析指标的相关性。强相关的指标直接作用于部门，如"销售额20亿元""市场占有率30%"既是公司的指标，又是销售部的指标；弱相关的指标是指部门的某一指标会对公司的某一指标的一部分有影响，如人力资源部的"生产人员技能合格率95%"影响生产部的"单板加工合格率95%"，而生产部的"单板加工合格率95%"是公司"废品次品率降低5%"的其中一个影响因素。

3.1.3 >>> 基于员工的绩效计划

如何把部门绩效计划分解为员工绩效计划？如何制订员工的绩效计划？这两个问题困扰着很多HR和部门管理者。那么，在制订员工绩效计划时需要考虑哪些情况呢？

第一，员工的基本情况。在制订员工绩效计划之前，部门管理者需要了解员工的工作岗位、工作年限等信息，把员工绩效计划与薪酬统一起来，保证员工劳有所得。

第二，工作职责的确定。员工的工作职责是为其制订绩效计划的基本依据，也是其绩效指标的来源。例如，某通信公司的营业经理的工作职责分为业务、管理以及其他任务三个方面，如图3-1所示，那么他的绩效指标就应该合理地呈现出这三方面的工作。

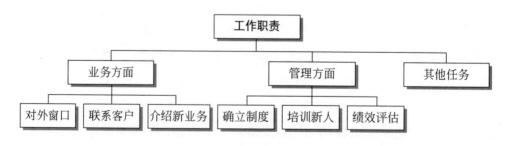

图3-1 营业经理的工作职责

第三，绩效评估的内容。这主要包括绩效指标和工作目标两个方面。绩效评估能够充分考量员工的工作情况，是绩效计划的主体部分，如表3-1、表3-2所示。

表3-1　营业经理的指标

收益	客户	业务	学习
经营收入； 新业务收入； 总费用预算达成率； 单笔业务预算达成率	发展新用户数； 大用户增量； 维护大用户所用成本占部门总盈利的比例； 大用户满意度； 关心用户改善程度； 对外窗口服务改善程度； 受理投诉改善程度； 用户离网率	用户对新业务了解程度； 违规操作次数； 酬金返还及时率； 客户信息准确率	有效创新建议次数； 老员工流失率； 规章制度遵守情况； 销售人员平均业绩； 其他部门满意度

表3-2　营业经理的工作目标

目的	目标	预期结果	具体示例
为了更好地规范公司内部制定的规章制度	工作顺利开展	时效性、规范性、全面性	2020年8月前完成营业部对外窗口所有业务受理相关流程的建立、升级或改进，获得总公司领导的批准后于11月之前下达实施
督促并提高对员工的业务能力和绩效水平	对部门下属员工进行辅导和绩效评估	时效性、规范性、全面性	2020年11月前依照公司的要求完成直接下属员工的绩效考核和双向沟通工作，完成绩效指导谈话，并将沟通结果上交人力资源部门
提高员工应对突发事件的能力	完成公司布置的其他任务	保质保量	2020年年底前，对公司下达的各种通信保障任务按照要求进行积极配合，按时按质完成通信保障任务，争取将部门协作满意度提高到85%

第四，指标的权重。根据各项工作对实现总目标的影响确定各指标的权重，这样可以让员工分清工作的主次，更加明确自己的工作目标。

第五，绩效计划的周期。绩效计划一般以年为周期，但对于一些特殊岗位的员工，如销售、市场调查岗位的员工，部门管理者需要考虑其工作岗位和工作目标等具体情况制定绩效考核周期。

第六，员工的能力提升计划。部门管理者在制订员工绩效计划的同时要制订员工的能力提升计划，这是使公司对员工的预期具体化，让员工知道完成指标和工作目标需要具备什么样的职业素养，确保员工的能力提升与公司的发展步调一致。例如，营业经理的能力提升计划主要包括获得相关结业证书、加强团队领导能力、沟通能力等内容，如表3-3所示。

表3-3　营业经理的能力提升计划

能力培养	行动计划	预期结果
领导能力	于2020年5月参加公司人力资源部组织的即兴演讲培训课程 在实际工作中向相关同事和上级学习	获得相关结业证书 形成更强的团队领导能力，提高经营效率
沟通能力	于2020年6月参加公司人力资源部组织的辩论培训课程。 组织其他部门进行联谊会等	获得相关结业证书 形成更强的团队沟通能力，提高经营效率
业务能力	于2020年7月参加总公司举办的通信电销业务培训班	获得相关结业证书 熟悉新业务流程及应用，并在工作中和指导员工时熟练运用

将以上内容整合到一起，就可以形成一个完整的营业经理绩效计划，如表3-4所示。

表3-4　营业经理的绩效计划

员工姓名： 职位： 所在单位：北京移动 部门：营业部		评估人姓名： 职位： 上级领导姓名： 职位： 日期：
A.关键指标及其权重	权重	实际完成结果评分
经营收入	10%	
新业务收入	20%	
发展新客户数	10%	
大客户增量	15%	
维护大客户所用成本占部门总盈利的比例	10%	
对外窗口服务改善程度	20%	
用户对新业务了解程度	5%	
规章制度遵守情况	5%	
销售人员平均业绩	5%	

续表

B. 工作目标	权重	目标完成结果评估
2020 年 8 月前完成营业部对外窗口所有业务受理相关流程的建立、升级或改进，获得总公司领导的批准后于 11 月之前下达实施	60%	
2020 年 11 月前依照公司的要求完成直接下属员工的绩效考核和双向沟通工作，完成绩效指导谈话，并将沟通结果上报人力资源部门	10%	
2020 年年底前，对公司下达的各种通信保障任务按照要求进行积极配合，按时按质完成通信保障任务，争取将部门协作满意度提高到 85%	30%	

绩效评估总分 （A×60%+B×40%）：	综合 评估	

C. 能力发展计划 目标完成结果评价	预期结果	补充意见
于 2020 年 5 月参加公司人力资源部组织的即兴演讲培训课程 在实际工作中向相关同事和上级学习	获得相关结业证书 形成更强的团队领导能力，提高部门的经营效率	
于 2020 年 6 月参加公司人力资源部组织的辩论培训课程 组织其他部门进行联谊会等	获得相关结业证书 形成更强的团队沟通能力，提高经营效率	
于 2020 年 7 月参加总公司举办的移动通信电销业务培训班	获得相关结业证书 熟悉新业务流程及应用，并在工作中和指导员工时熟练运用	

　　虽然是部门管理者主要负责为员工制订绩效计划，但HR也要肩负起监督和提供帮助的责任。HR需要为部门的管理者提供考核工具并培训其绩效指标的制定方法以及填写方式。另外，HR还要及时督促部门管理者与员工沟通，听取员工对绩效计划的意见和建议，并为部门管理者提供解决问题的方案，从而保证绩效计划的合理性。

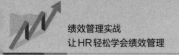
3.2 按照时间周期划分类型

一般情况下，绩效计划都是以年为周期制订的。但有些特殊岗位，如销售、市场调研等，因市场环境时常变化，所以不仅要制订年度绩效计划，还要制订季度绩效计划和月度绩效计划。

3.2.1 >>> 年度绩效计划：以年为单位

年度绩效计划是公司中长期战略目标的具体化展现，是对中长期经营计划的拆解。因此，年度绩效计划需要与公司的中长期发展蓝图相符合。以此为基本原则，公司的上下级之间、各部门之间、各部门的员工之间都要保持统一，一起为实现公司的战略目标和经营计划贡献力量。

年度绩效计划以年度工作方向、工作重点、工作内容为主要依据。公司不同阶段的工作往往都具有连续性，所以管理者在制订新的年度绩效计划时，还要兼顾上一年度绩效计划的目标与成果。另外，上一年度绩效计划中存在的问题和不足之处，必须在新的年度绩效计划中加以优化和调整。

下面是一个年度绩效计划的指标与评价标准，管理者制订绩效计划时可以以此为参考，如表3-5所示。

表3-5　上海某在线教育公司年度绩效计划中的指标与评价标准

指标	评价标准
工作目标是否明确、细化、量化	团队年度目标明确（2分） 个人目标细化（2分） 个人目标量化（2分）
服务对象是否明确	有自我提升需求的人群（3分） 其他（0～1分）

续表

指标	评价标准
工作目标是否符合企业战略规划和各部门工作计划	符合企业战略规划（2分）， 符合各部门工作计划（2分）
项目是否符合申报条件 申报、批复程序是非符合相关管理办法 项目调整是否履行相应手续	项目符合申报条件（2.5分） 申报、批复程序符合相关管理办法（2.5分） 项目实施调整履行相应手续（2分）
是否根据需要制定相关资金管理办法，并在管理办法中明确资金分配办法 资金分配因素是否全面、合理	办法健全、规范（2分） 因素选择全面、合理（2分）
资金分配是否符合相关管理办法 分配结果是否合理	资金分配符合相关分配办法（3分） 资金分配合理（5分）
资金是否及时到位 若未及时到位，是否影响项目进度	及时到位（3分） 未及时到位但未影响项目进度（2分） 未及时到位并影响项目进度（0~1分）
是否存在依据不合规、虚列项目支出的情况 是否存在截留、挤占、挪用项目资金的情况 是否存在超标准开支情况	虚列（套取）扣5~8分 支出依据不合规扣2分 截留、挤占、挪用扣3~6分 超标准开支扣2~5分
资金管理、费用支出等制度是否健全，是否严格执行 会计核算是否规范	财务制度健全（2分） 严格执行制度（2分） 会计核算规范（2分）
是否有组织机构，人员结构是否合理 是否有技术机构，人员结构是否符合要求	成立组织机构，人员结构合理，有独立办公室，有专职人员，有明确分工（2分） 设立技术机构，人员结构符合要求，有技术总责任人，技术运行能力强（2分）
是否有计划、实施与控制 部门是否分工协作 是否有工作机制	实施方案和年度计划科学合理，便于实施控制，有工作总结，有完善的过程控制和持续改进方案（1分） 部门分工明确，沟通协调机制健全，效果良好（0.5分） 有明确的激励制度，能及时反映/兑现激励结果，农工对激励反应积极（0.5分）
是否形成了一支精干的标准化人才队伍	形成了一支精干的标准化人才队伍，由有10年以上经验的人带队（5分）

续表

指标	评价标准
是否有培训师资队伍 培训资料是否齐备有效 培训实施情况是否良好	有培训师资源调查表，有培训师资相关证明文件，有受聘文件和老师签字，培训师资队伍结构合理(2分) 培训材料内容紧密围绕最佳标准，材料配套齐全，适用性强（2分） 有完整培训计划并按期实施，平均培训率90%以上，有完整培训记录（3分）

3.2.2 >>> 季度绩效计划：以季为单位

季度绩效计划以季度为周期。它与年度绩效计划没有本质上的差别，但是在制订时需要注意一些问题。例如，要加入一些日常的、短期的指标，并为这些指标设定权重和评分标准。下面是一个季度绩效计划的范例，如表3-6所示。

表3-6　上海某营销公司季度绩效计划

评价指标	行为表现描述	分数范围	主管评分
严格认真	严格认真地履行岗位职责，预先采取措施避免隐患问题发生	1 ~ 1.2	
	发现他人的工作疏漏，告知对方并协助其补救	0.8 ~ 1	
	按本岗位要求做，未出现工作疏漏	0.6 ~ 0.8	
	工作出现问题，但能够积极补救，不推卸责任	0.4 ~ 0.6	
	由于不严格、不认真，导致工作出现疏漏，并没有及时补救	0.4 以下	
主动高效	独立提出切实可行的改进方案，并推进实施，取得良好的成效	1 ~ 1.2	
	工作中主动发现问题，提出有价值的改进建议	0.8 ~ 1	
	主动调动各方面资源以达成目标	0.6 ~ 0.8	
	反映工作中的困难和问题，但没有改进建议	0.4 ~ 0.6	
	被动执行上级安排的工作，遇到困难被动等待，对工作中的问题视而不见	0.4 以下	

续表

评价指标	行为表现描述	分数范围	主管评分
客户意识	提供的服务超乎客户期望的满意	1 ~ 1.2	
	主动征询客户需求与感受，并以友善、愉悦的态度提供服务	0.8 ~ 1	
	积极响应客户意见（投诉），及时满足客户需求	0.6 ~ 0.8	
	在上级要求和客户投诉的压力下，为客户解决问题	0.4 ~ 0.6	
	不关心客户需求与感受，对客户提出的需求没有响应	0.4 以下	
团队协作	在协助对方获取成功，并达成团队整体目标的同时实现个人目标	1 ~ 1.2	
	发生分歧时，不仅认真听取对方意见，而且提出有价值的建议	0.8 ~ 1	
	能够认真听取对方意见，修正个人的工作设想	0.6 ~ 0.8	
	告知团队成员自己的设想，但不响应对方提出的建议或要求	0.4 ~ 0.6	
	不与团队成员沟通，完全按照个人设想工作	0.4 以下	
学习总结	除岗位要求的知识技能外，还主动学习其他相关的知识技能，工作技能明显提高	1 ~ 1.2	
	有意识地学习岗位要求的知识技能和业界先进经验，并在工作中加以实践	0.8 ~ 1	
	在工作中学习，能够从失误中吸取教训、举一反三，防患于未然	0.6 ~ 0.8	
	能够不出现相同的失误，但不能防患于未然	0.4 ~ 0.6	
	多次出现相同的失误	0.4 以下	

3.2.3 >>> 月度绩效计划：以月为单位

与年度绩效计划和季度绩效计划相比，月度绩效计划中的指标更详细，甚至会包括会议纪要、收发资料、信息上传下达等。此外，因为月度绩效计划的周期较短，所以不需要经常调整，否则会影响员工和部门的工作进度。下面是一个月度绩效计划的范例，如表3-7所示。

表 3-7　月度绩效计划

部门	人力资源部门		岗位			姓名		评价期	
项目	序号	指标	权重	目标值	评价标准	信息来源	实际完成情况	评价得分	加权得分
关键指标	1	部门例会工作指令督办	25%		未按时完成会议纪要扣5分，未跟进、督办扣10分，未反馈上级扣5分	上级评价、典型事件记录			
	2	技术资料收发及时性	20%		收发资料当天处理完毕，每延迟1个工作日扣5分	典型事件记录			
	3	信息的上传下达	15%		每出现一次传达未及时或传达不准确扣5分	典型事件记录			
	4	技术资料保管	10%		保证技术资料的完整、保密、有序，每违反1次规范扣5分	检查记录、典型事件记录			
关键指标权重			≤70%		关键指标得分				
一般指标	1	行政后勤服务	10%		每出现1次工作失误或投诉扣10分；每获得1次表扬加5分，封顶150分	典型事件记录、同事反馈			
	2	上级指派任务完成情况	10%		本项得分＝实际完成件数÷月总指派任务件数×100分	上级评价			
	3	工作态度	10%		根据《工作态度表》中所列的行为锚定级别对被评价者进行评价				
一般指标权重			≤30%		一般指标得分				
工作态度得分									
总得分＝关键指标得分＋一般指标得分＋工作态度得分									
评价结果：优秀—S级（　）　良好—A级（　）　一般—B级（　）　需改进—C级（　）不合格—D级（　）									

无论是月度绩效计划、季度绩效计划还是年度绩效计划，HR都要做好组织和培训工作，安排好绩效考核的流程。绩效管理工作是连续的，每一次的考核结果都对整体的绩效管理工作存在影响。HR要做好每一次绩效考核的分析和总结，帮助公司构建完善的绩效管理体系。

第4章

绩效计划的制订：
综合考量各个关键点

制订绩效计划的过程是一个沟通的过程，考核者和被考核者就某一时间段应完成的绩效目标以及标准进行沟通，将沟通的结果通过正式的书面协议即绩效计划和评估表落实。绩效计划是一个明确了责、权、利后所签订的公司内部协议。绩效计划中不仅要体现出公司的总体战略与年度目标，还要体现出员工的工作方向，从而加强员工与公司的联系，促进公司总体战略的实现。

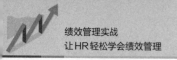
4.1 绩效计划的六大必备内容

员工绩效计划来源于公司整体的绩效计划，它是由考核者和员工在充分沟通的基础上制订的，内容包括员工信息、KPI（关键绩效指标）与GS指标（工作目标指标）、指标权重、指标的目标值与挑战值、绩效评分标准、绩效评估周期等。员工绩效计划的完成结果不仅影响着员工的薪酬以及员工的发展，还影响着公司的发展。

4.1.1 >>> 明确员工的基本信息

在为员工制订绩效计划之前，考核者要明确每一位员工的基本信息。员工基本信息主要包括两方面内容：一是员工的个人基本情况，如性别、年龄、学历、工作年限、相关工作经验等；二是员工所从事工作岗位的各项职责和权限，如表4-1、表4-2所示。

表4-1 员工个人信息

	姓名		性别		民族		照片
基本情况	出生年月		身份证号码				
	政治面貌		婚姻状况				
	户籍所在地		现居住住址				
	毕业院校		专业				
	毕业时间		学历		学位		
	联系电话		紧急联系人1		紧急联系人2		
	户口性质	□本市城镇 □本市农村 □外地城镇 □外地农村	邮箱				

续表

教育培训经历	起止时间	学校 / 机构		所学专业 / 培训课程	学历 / 证书
工作经历	起止时间	工作单位	工作岗位	证明人	联系方式
家庭成员	与本人关系	姓名	工作单位	职位	联系方式
是否有传染性疾病或慢性疾病：是□ 否□ 如果有，请说明具体情况：					
是否有刑事处罚或治安处罚经历：是□ 否□ 如果有，请说明具体情况：					
是否曾因个人原因而被原单位清退：是□ 否□ 如果是，请说明原因：					

表 4-2 某公司生产部门员工岗位职责

岗位	主要职责	工作内容
主管	一、生产管理、质量管理	1.根据公司年度战略目标要求及生产计划，制订部门月度工作计划并组织完成
		2.负责监督生产工艺流程的实施，确保产品质量满足客户需求
		3.负责审核生产过程中的数据、分析报告等相关生产报表
	二、成本控制	1.审核部门年度预算、月度预算以及相关成本核算等
		2.制订部门成本控制计划，并监督执行
		3.分析部门成本控制情况，并制定改进方案
	三、安全生产管理	1.确保职业健康安全体系和安全标准化体系在部门的正常运行
		2.负责起草、实施本部门的《月度安全任务书》，确保完成
		3.监督、考核安全生产制度的执行情况
	四、部门员工管理	1.负责部门内部制度建设，建立部门内部考评制度并组织实施
		2.负责组织实施部门员工的技能、安全培训
		3.负责组织对部门员工、外聘员工的管理及绩效考核工作

续表

岗位	主要职责	工作内容
副主管	一、生产工艺管理	1.根据生产计划组织生产、加工，了解客户要求，对《生产调度批次计划》进行审核，及时将其传达给各车间，根据《工序工艺过程要求》组织检查生产前各工序的准备是否符合要求，提前做好生产、加工的准备
		2.组织检查和监督各车间对《车间生产管理规定》《生产现场管理制度》和《交接班管理制度》的执行情况，发现问题及时告知并纠正。组织、检查和督促生产各工序的工艺指标完成情况，加强生产流程的管理，纠正问题、消除隐患
		3.排除影响生产、加工环节的不利因素，解决存在的问题，保证正常生产
	二、现场管理	1..定期对生产现场实施清洁、定置管理、职业健康安全文明管理进行检查、指导、记录，对现场存在的问题进行告知并纠正，维持并提升生产现场管理水平，对制度的运行进行验证和完善
		2.每周根据生产现场和工艺设备的实际情况制订《周末卫生清洁计划》，并组织相关员工对现场情况进行检查、记录
		3.负责职业健康安全、安全标准化管理体系在各车间的有效实施
	三、数据统计与管理	1.负责组织收集、整理、存档相关方提供的生产原始数据单据，组织进行生产相关数据的统计及分析
		2.负责组织对生产情况进行经济运行分析，并提出持续改进措施
		3.负责所辖车间生产物质的消耗实施控制，对每月生产物资计划进行审核
	四、工艺技能培训工作	1.负责开展部门生产工艺技术研讨和工艺员工的技能培训工作，并定期组织考试
		2.负责做好生产工艺员工个人信息、培训记录的存档工作
生产操作员	一、工艺操作	1.根据《工序工艺要求表》《生产作业指导书》进行工艺操作，依据检测结果及时调整工艺操作
		2.对工艺执行情况进行分析、总结，贯彻、执行相应的工艺文件

续表

岗位	主要职责	工作内容
生产操作员	二、设备管理	1. 严格执行《设备安全操作规程》，监督设备运行情况，发现问题及时汇报给机电维修组
		2. 设备发生堵料时，应及时组织、安排员工进行掏料，监督、配合掏料员工安全操作
		3. 根据生产设备运行情况，提出设备维修、技术改造、更新建议
	三、现场管理	1. 协助主管做好外聘员工管理工作
		2. 负责根据实际工作需要，合理安排外聘员工岗位
		3. 负责统计本车间员工考勤情况，并按要求报送
	四、安全管理	1. 负责职业健康安全、环境管理体系在本车间的实施
		2. 对车间安全生产负责，对员工进行岗前、转岗安全培训，对新入职员工进行安全培训，并做好记录保存工作

在明确员工的个人基本情况及岗位职责、权限等基本信息后，考核者才能根据员工信息与员工进行更有效的沟通，保证双方沟通的质量，从而为员工制订出更适合其特点的绩效计划。在制订员工的绩效计划时，HR不仅要负责组织和提供工具的工作，还要了解员工的诉求，与考核者及时沟通，在保证绩效计划能够完成绩效目标的前提下，与考核者一起按员工的诉求调整绩效计划。

4.1.2 》》 KPI与GS指标的设定

员工的绩效指标分为KPI与GS指标。KPI可以衡量员工工作目标的实现程度，是HR进行科学、有效的绩效管理的常用工具，其作用主要体现在以下两个方面。

① 能够明确部门与员工的职责，明确员工的业绩衡量指标，使绩效考核更加科学、合理。

② 明确了员工的工作方向与工作内容，有助于员工在关键绩效指标的引导下循序渐进地完成工作目标。

如今，许多HR都看到了KPI的优越性和重要性，因此在选择绩效考核方法时常使用KPI考核法。但因KPI是一项数据化管理工具，其具体指标必须是客观、可衡量的绩效指标。有些部门管理者在制定具体指标时常不能保证指标可以完全被量化，无法让KPI发挥最大的效用。

KPI的核心内容一定要符合公司的战略目标，然后要确保指标的有效性、可控性和可测性，以保证各部门KPI的实现都能推动公司整体战略目标的实现。下面是各部门KPI设置的范例，如表4-3 ~ 表4-7所示。

表 4-3　某公司销售部 KPI

指标名称	销售目标达成率
指标定义	指年度销售目标经分解后形成月度销售目标实际达成的比率
设立目的	考核营销部门在销售方面目标与实际情况的对比，是反映营销部门市场开发力度的一个重要指标
计算公式	销售目标达成率 = 实际销售发货额 / 目标销售额 ×100%
相关说明	1. 销售业绩根据成交的单据确定 2. 该指标由销售部内部自行统计并上报 3. 各类产品应分别进行统计
指标名称	销售增长率
指标定义	产品销售额较去年同期增长的百分比
设立目的	反映当期产品销售额较去年同期增长情况
计算公式	销售增长率 = （本月实际销售额－去年同期销售额）/ 去年同期销售额 ×100%
相关说明	1. 可按产品种类统计 2. 销售额要以产品实际出货情况为基准 3. 在管理运用上，可按营业区作统计分析
指标名称	回款率
指标定义	指在一定时期内货款回收金额与计划回收金额之比
设立目的	考核销售部货款回收的管理和业绩

续表

计算公式	货款回收计划完成率 = 货款回款金额 / 计划回款金额 ×100%
相关说明	1. 按财务规定的付款进度进行统计 2. 该指标可作每日管理工具，由销售部每日自行累计，月度以财务报表为准
数据收集	销售部、财务部
数据来源	销售部的货款统计和财务资料
数据核对	财务部
统计周期	每月一次
统计方式	数据和趋势图

表 4-4　某公司市场部 KPI

指标名称	成品库存周转率
指标定义	一定时期内，成品实际库存的平均周转次数
设立目的	反映市场部成品库存周转情况，即反映商品变现速度
计算公式	成品库存周转率 = 本期出货金额 / [（期初出库存额 + 期末库存额）/2] ×100%
相关说明	1. 成品计算以元或销售额为单位 2. 出货金额以合同金额或标准价格计算
指标名称	市场占有率
指标定义	某一时期内产品在一定地理区域（根据市场分割）的占有比率，是针对竞争对手而言的
设立目的	通过了解每年在各地区产品市场中所占有的份额情况，来反映公司以及竞争对手各类产品的市场占有情况
计算公式	市场占有率 = 年度产品销售量（额）/ 国内年度同类产品销售量（额）×100%
相关说明	1. 统计数据每年收集一次，根据年度销售，确定与上一年同期对比 2. 如果没有上一年同期的资料，可以与本期计划作对比 3. 资料的准确性难以保证，建议只作为一般参考
指标名称	品牌认识度
指标定义	表示通过广告宣传，客户对公司品牌的认识程度
设立目的	考核市场部在品牌宣传方面取得的成效

续表

计算公式	品牌认识度 = 受访的认知人数 / 受访总人数 × 100%
相关说明	1. 每季度或半年或一年进行一次客户调查 2. 客户调查可委托专业机构或由市场部执行
数据收集	市场部或专业调查机构
数据来源	调查表
数据核对	市场部
统计周期	每季度、每年度各一次
统计方式	数据和趋势图

表 4-5　某公司客服部 KPI

指标名称	用户满意综合指数
指标定义	用户对技术、产品质量、交货期、售后服务等方面的综合满意程度
设立目的	从用户角度反映公司的服务水平
计算公式	根据调查结果进行统计分析
相关说明	1. 由客服部设计问卷题目、统计方式和评分标准，对一定时期内公司的客户进行问卷调查，也可委托第三方进行问卷和统计分析 2. 问卷内容应包括销售时、售后、安装、维修、品质等意见
指标名称	投诉处理率
指标定义	在一定时间客服部对客户投诉实际处理完毕的投诉数量占总投诉次数的百分数
设立目的	反映处理用户投诉的工作态度和工作效率
计算公式	月投诉处理率 = 每月实际处理的投诉数量 / 月投诉总量 × 100%
相关说明	1. 可考虑设立专门接受客户投诉的单位和渠道 2. 投诉处理应建立书面资料
指标名称	内部服务满意度
指标定义	显示内部客户服务精神的管理
设立目的	提倡内部客户服务的精神，进一步贯彻全员服务意识
计算公式	内部服务满意度等同于调研平均得分
相关说明	以部门的服务意识、服务行为为调研内容

续表

数据收集	客服部
数据来源	调研资料
数据核对	各部门
统计周期	每半年或一年一次
统计方式	数据和趋势图

表4-6　某公司人力资源部KPI

指标名称	员工自然流动率
指标定义	一定时期内公司员工流动的比率
设立目的	借该指标考察部门的稳定性和人员代谢
计算公式	员工自然流动率 = 离职人数 /（本期新进人数 + 上期末人数）×100%
相关说明	1. 员工应有一定的流动率，流动率一般应控制在 5% 以内 2. 员工在试用期满前离职不列入统计范围 3. 该指标为人力资源管理的参考指标，建议作为政策参考用
指标名称	人员需求达成率
指标定义	一定时期内各部门于编制内提出人员增补需求的完成状况
设立目的	显示人力资源部门对各单位服务的绩效
计算公式	人员需求达成率 = 报到人数 / 需求人数 ×100%
相关说明	1. 报到员工要满足用人单位的人才需求规格 2. 人员是否录用应由需求单位面试决定
指标名称	培训计划达成率
指标定义	指在一定时期内培训计划的执行状况
设立目的	考察员工受培训及人才培养的执行
计算公式	培训计划达成率 = 培训计划执行总时数 / 培训计划总时数 ×100%
相关说明	1. 培训指对员工进行有关公司文化、专业技能、外部培训、委托培养等方面正式的有组织的培训 2. 培训计划总时数 = Σ（计划课时数 × 计划人数） 3. 培训课程要以满足各单位的需求为原则
数据收集	人力资源部

续表

数据来源	培训通知或记录
数据核对	各部门
统计周期	每月一次
统计方式	数据和趋势图

表4-7 某公司财务部KPI

指标名称	结算延迟天数
指标定义	表示财务部门财务结算时效和日常单据处理的能力
设立目的	考核财务部门人员的工作效率
计算公式	结算延迟天数以规定的结算完成日计算
相关说明	每月结算延迟天数的累加即为年的延迟天数，提早完成的天数不予计算
指标名称	支出审核失误率
指标定义	表示财务部门在稽核功能上的表现状况
设立目的	考核财务部门的单据与出纳管理能力
计算公式	支出审核失误率 = 不当支出金额 / 支出总额
相关说明	所谓不当支出为请款手续和资料有缺陷的或超出核决权限而付款的
指标名称	资金调度达成率
指标定义	对财务部门提供资金需求的服务能力
设立目的	考核财务部门的资金管理和运筹的能力
计算公式	资金调度达成率 = 资金调度完成金额 / 经核准的资金需求总额 ×100%
相关说明	资金调度工作是基层商业银行合理运用资金的重要管理手段
指标名称	投资成功率
指标定义	表示对投资评估、审核与管理的严谨性
设立目的	考核投资项目的成功比率
计算公式	投资成功率 = 投资成功件数 / 投资总件数 ×100%

续表

相关说明	1 达成投资评估的 85% 及以上即为成功 2. 投资评估可以投资回收年限或投资报酬率为基准
指标名称	投资预算超支比率
指标定义	对投资项目的预算核算、审核与执行的管理能力
设立目的	考核投资项目的预算管理的评价
计算公式	投资预算超支比率 = $\sum$（投资实际发生金额 − 投资预算金额）/$\sum$ 投资预算金额 ×100%
相关说明	计算投资发生金额 − 投资预算金额时，要以每一件的投资金额计算
指标名称	投资延迟天数
指标定义	对投资项目的进度规划与进行的管理能力
设立目的	考核投资项目的执行进程管理的评价
计算公式	投资延迟天数 = $\sum$（投资实际完成日 − 投资预定完成日）
相关说明	1. 投资完成日以能交付使用的日期为完成基准日 2. 提前完成不列入计算，也就是说，提前完成不能扣抵另案件的延迟
数据收集	财务部
数据来源	工作报告
数据核对	财务部
统计周期	年度
统计方式	数据和趋势图

KPI用来衡量可以量化的绩效指标，对于难以量化的绩效指标，可以用GS指标来衡量。GS指标是指与公司发展战略和经营计划无直接关系、难以量化的工作指标，如工作周密性、是否服从管理等。

GS指标是对KPI的补充，GS指标侧重于定性分析，KPI侧重于定量分析。GS指标注重绩效目标的实现过程，而KPI注重绩效目标的实现结果。为了使绩效计划全面体现出员工的工作状况，KPI与GS指标都需要制定，如表4-8所示。

表4-8　某公司生产部的绩效计划

<table>
<tr><td>所属部门</td><td colspan="2">生产部</td><td>入职时间</td><td></td><td colspan="2">考核日期</td><td></td></tr>
<tr><td>姓名</td><td></td><td colspan="2">岗位</td><td></td><td colspan="2">考核周期</td><td>月度</td></tr>
<tr><td rowspan="6">KPI</td><td colspan="4">计划阶段</td><td colspan="3">评估阶段</td></tr>
<tr><td>指标</td><td>权重</td><td>评分标准</td><td>目标值</td><td>达成值</td><td>考核部门评分</td><td>部门上级评分</td><td>得分</td></tr>
<tr><td>达成率</td><td>30%</td><td>达成率 = 实际数量 / 计划完成数量 ×100%
实际值比目标值每减少1% 绩效减2分（排除非生产因素）</td><td>100%</td><td></td><td></td><td></td><td></td></tr>
<tr><td>产品合格率</td><td>30%</td><td>产品合格率 = 产品合格数 / 产品生产总数 ×100%
实际值比目标值每相差1% 绩效减1分</td><td>100%</td><td></td><td></td><td></td><td></td></tr>
<tr><td>MO关单率</td><td>10%</td><td>工单开立至工单关结天数 > 7 天内完成
多一单，减2分（排除非生产因素）</td><td>> 7 天
=0 笔</td><td></td><td></td><td></td><td></td></tr>
<tr><td colspan="4">总分</td><td></td><td></td><td></td><td></td></tr>
<tr><td rowspan="5">GS指标</td><td colspan="4">计划阶段</td><td colspan="3">评估阶段</td></tr>
<tr><td colspan="2">指标</td><td colspan="2">权重</td><td>评分标准</td><td>考核部门评分</td><td>越级领导评分</td><td>得分</td></tr>
<tr><td>工作周密性</td><td colspan="3">15%</td><td>1. 优化产能，生产过程中尽量避免浪费
2. 用料清单下达后快速响应，及时给出设计 / 加工方案
3. 产品质量跟踪监督</td><td></td><td></td><td></td></tr>
<tr><td>服从管理</td><td colspan="3">15%</td><td>1. 充分发挥主观能动性，最大化地提高设备利用率
2. 积极参加技能培训安排，提高工作技术和效率</td><td></td><td></td><td></td></tr>
<tr><td colspan="4">总分</td><td></td><td></td><td></td></tr>
<tr><td rowspan="2">考核结果</td><td colspan="3">当期绩效分数</td><td colspan="4"></td></tr>
<tr><td colspan="3">考核评价</td><td colspan="4"></td></tr>
<tr><td>被考核人签字</td><td colspan="7"></td></tr>
</table>

在实际操作中，GS指标与KPI之间不能重复，并且应按客观、公平、公正的原则科学界定绩效评估标准。同时，HR在设定KPI和GS指标的过程中，应当优化绩效计划制订的流程，帮助公司构建与发展状况相适应的绩效评估体系。

4.1.3 >>> 各项指标的权重

所谓绩效指标权重，是指某一指标占考核总分的百分比，通过具体的数字来体现该指标在整个指标体系中的地位。

例如，销售部的一名员工在一次绩效考核中，工作业绩得分为95分，工作能力得分为75分，如果工作业绩和工作能力两项指标得分各占50%的权重，则该员工本次绩效考核的得分为95×50%+75×50%=85分；如果工作能力的权重为75%，工作业绩的权重为25%，则该员工本次绩效考核的得分为95×25%+75×75%=80分；如果工作业绩的权重为75%，工作能力的权重为25%，则该员工本次绩效考核的得分为95×75%+25×75%=90分。由此可以看出，绩效指标的权重将直接影响绩效考核的得分。

以某公司对HR的绩效考核为例，该公司对HR的绩效考核设定了工作业绩、职业素养、工作态度等多个绩效指标。其中，工作业绩又分为招聘工作完成率、劳动合同管理、薪酬核算准确率、人事档案归档率四个子指标。

假如四个子指标的权重各占25%，就说明四个子指标对于HR来说一样重要，每项子指标对HR工作业绩分数的影响都是一样的；假如四个子指标权重为5：1：3：1，就说明在四个子指标中，对HR来说最重要的是招聘工作完成率，该项子指标也是绩效考核的重点，对绩效考核的分数起决定性作用，所以该公司的HR需要把工作的重心放在招聘上，其次是薪酬核算，最后才是劳动合同管理和人事档案归档。

权重的设定体现了公司对某个工作岗位的重点要求。相同的工作岗位，设定的权重不同，员工日常工作中的侧重点也不同，这是公司对员工的分工和布局，可以很好地避免重复性劳动。

合理设定各指标的权重能准确抓住工作重点，少作重复性劳动。但绩效指标的权重并不是一成不变的，公司在不同的发展阶段有不同的任务和侧重，工作重点会因此有所不同。所以指标权重要参考公司的发展阶段及时进行调整，避免让绩效计划流于形式。

4.1.4 >>> 目标值与挑战值

目标值是指在公司正常经营管理条件下，员工应达到的绩效指标完成标准。目标值一般是先根据公司年度经营计划、财务预算以及岗位工作计划设定一个初步标准，部门管理者还需要和员工沟通探讨，根据员工自身情况加以调整，确定之后提交公司高层审批。通常来说，员工一般都能完成目标值，完成概率在85%以上。

挑战值是员工完成该项绩效指标的最理想值。挑战值的完成概率在25% ~ 35%，完成之后员工会获得额外的绩效奖励。挑战值的设定一般参考的是员工最好的绩效成绩，并在此基础上提高标准，激励员工突破自我，实现更好的工作成绩。目标值与挑战值的设定与实施如表4-9所示。

表 4-9　目标值与挑战值

目标明细	权重	挑战值	目标值	实际值	评分办法
交货准时率	15%	≥ 100%	≥ 93.5%		达到挑战值得 15 分，达到目标值得 12 分，低于最低值得 0 分
直接材料成本控制达成率	10%	≤ 95%	≤ 100%		达到挑战值得 10 分，达到目标值得 8 分，低于最低值得 0 分
部门协作满意度	10%	≥ 90 分	≥ 80 分		达到挑战值得 10 分，达到目标值得 8 分，低于最低值得 0 分
生产计划排期达成率	25%	≥ 95%	≥ 90%		达到挑战值得 25 分，达到目标值得 20 分，低于最低值得 0 分

续表

目标明细	权重	挑战值	目标值	实际值	评分办法
生产进度分析及时准确率	15%		100%		1. 每周六上午9点前完成本周生产进度分析报表，未及时完成−1分/次，未做分析或分析不正确的−1分/项 2. 每月后5日前完成本月生产进度分析报表，未及时完成−2分/次，未做分析或分析不正确的−2分/项
生产计划投料误差率	15%	≤ ±1%	≤ ±2%		达到挑战值得15分，达到目标值得12分，低于最低值得0分
物料申购及时准确率	10%		100%		1. 未按照采购周期制定采购订单的−1分/次 2. 未在规定时间内及时申购的−2分/次 3. 因申购不及时或数量不足影响生产的−3分/次
合理化建议	扣加分项				按照《员工创新及合理化建议管理办法》进行加分
特殊表彰					各类活动表现突出，受到公司表彰的+1分，表现突出者+3分
培训考核成绩					考核成绩属前3名+1分/次，成绩<75分者−1分/次，<60分者−2分/次
内外审不符合项					内审每发现一个不符合项−1分，外审每发现一个不符合项−3分
安全事故					发生安全事故的按照《安全管理制度》×××条款进行扣分
考勤管理					全月无缺勤（包括无请假、无漏打卡）+1分，迟到/早退−0.5分/次，旷工−5分/天，事假超出请假天数−1分/天
日常工作核查					在劳动纪律、工艺执行、设备操作、消防安全等方面职能部门检查发现违规或例会点名批评的−1分/次，公司通报批评−2分/次，情节严重者加倍扣分

续表

目标明细	权重	挑战值	目标值	实际值	评分办法
指标说明和定义					1. 交货准时率 = 本期准时交货数量 / 当期客户下发订单中要求的交货数量 ×100% 2. 直接材料成本控制达成率 = 当期发生的实际材料成本 / 标准材料成本 ×100% 3. 部门协作满意度 = 公司部门（工段）间相互评价得分的算数平均值 4. 生产计划排期准确率 = ∑ 当期各工序按时完工单数 / ∑ 当期各工序计划完工单数 ×100%（实际完工用时与计划完工用时相差在 24 小时以内的即为按时完工,因材料、设备、工艺等原因影响的时间超过 4 小时的予以扣除） 5. 物料申购及时准确率是指市场部《订单评审传票》评审完下发后一般订单在 24 小时内申购,紧急订单在 4 小时内进行申购 6. 生产进度分析及时、准确率是指生产部在生产周报（周一至周五）、生产月报中对生产进度的完成情况从人、机、料、法、环等因素进行分析的客观真实性,分析出影响生产进度的各种不利因素,以便提高各工序生产效率 7. 生产计划投料误差率 =（实际入库数量 + 质量事故损失数量−订单数量）/ 订单数量 ×100%
被考核者签字 / 日期：　　　　　　　　　　　考核者签字 / 日期： 考核期限：　　年　　月 — 　　年　　月					

目标值的设定要秉持平均原则，相同职位的目标值应该大致相同。不能因为某员工的工作能力强，就为其设定较高的目标值，这样会出现工作分配不均的现象，导致工作能力强的员工负担较多的工作，但与其他员工的工资水平却相同，以至于工作能力强的员工出现不满情绪。

4.1.5 >>> KPI和GS的评分标准

KPI通常可按照以下的转化规则，根据员工的绩效目标完成情况按照5分制计分，如表4-10所示。

表 4-10　KPI 的计分规则

目标	说明	对应分数
挑战值	出色，目标完成情况远超预期值	5 分
目标值	达成预期值	3 分
否定值	远低于预期值，完全不合格	1 分
实际值	员工绩效实际实现值	相应计算结果

当员工的实际值达到挑战值时，考核分数记为5分；当员工的实际值达到目标值时，考核分数记为3分；当员工的实际值等于或低于否定值时，考核分数记为1分。

当员工的实际值低于挑战值且高于目标值时，考核分数的计算方法为：

$$考核结果 = 3分 + \frac{实际值 - 目标值}{挑战值 - 目标值} \times (5分\sim3分)$$

当员工的实际值低于目标值且高于否定值时，考核分数计算方法为：

$$考核结果 = 3分 + \frac{实际值 - 目标值}{目标值 - 否定值} \times (5分\sim3分)$$

GS指标一般按5分制评分，结果折算为百分制，如表4-11所示。

表4-11　GS指标评分标准

分数	等级含义
5	在项目或任务完成过程中，由于自己提出的改良工作方法或其他创新手段，使自己或他人明显提高工作效率或降低工作成本，并最终明显提前且明显超标准达成既定里程碑
4	按照预定的工作标准提前达成既定里程碑；或在预定的时间内超过预定的工作标准达成既定里程碑
3	在预定的时间内，按照预定的工作标准达成既定里程碑
2	按照预定的工作标准，既定里程碑达成延期，但所延期限，未对他人的工作进展或下一步工作产生影响；或在预定的时间内，里程碑达成情况未完全达到预定的工作标准，但及时采取补救措施达到预定工作标准，且未对他人工作进展或下一步工作产生影响
1	达不到2分标准

在KPI和GS指标评分标准都确定后，接下来要按照各自的权重计算加权得分，最终得到员工的综合得分，如表4-12所示。

表4-12　员工综合得分

KPI	权重	指标类型	否定值	目标值	挑战值	实际完成值	考核结果（1～5分）
回款额	25%	正向指标	2000	3000	4000	3800	4.6
GS指标							
服务满意度	30%	正向指标	70%	75%	80%	69%	1
绩效管理服务满意度	25%	正向指标	80%	90%	100%	90%	3
培训服务满意度	20%	正向指标	70%	80%	90%	92%	5
合计	1						3.2

将员工的综合得分排序，可确定5个绩效等级，如表4-13所示。

表4-13　绩效考核等级划分

定级	描述	强制正态分布比例	说明
A	出色：表示比绝大多数员工做得都好	被考核员工群体的1%～5%	评估阶段的绩效超过大多数的既定绩效要求，并超出大部分同类的员工。此级别的员工始终如一地超要求完成工作，是公司的明星员工
B	优秀：表示超过目标，表现突出	被考核员工总体的10%～12%	评估阶段的绩效超过既定绩效要求，在多个方面超出其他员工，并且终如一地按要求完成工作
C	胜任：表示满足了公司对该岗位的要求	被考核员工总体的70%	评估阶段的绩效可以满足要求，但处于一个平均水平，并未达到优秀。此级别的员工仍然需要提高绩效，或正处在熟悉、学习阶段
D	需要改进：表示有很大改进空间	被考核员工总体的10%～12%	评估阶段的绩效处于组织的中下层水平。此级别的员工需要制订具体的调整计划，在短期内显著提高绩效，以避免失去职位
E	不合格：表示远远低于公司的预期	被考核员工总体的3%～5%	评估阶段的绩效远远低于目标期望，并且难以看到可能的改善，缺乏履行职责的能力

4.1.6 >>> 绩效评估的周期

绩效评估周期又名绩效评估期限，是公司每次进行绩效评估的时间间隔。HR在设计绩效评估周期时，要兼顾公司的人员配备情况和资源配置情况。绩效评估周期过短或过长，都会影响绩效管理的效果。周期过短，会提高公司绩效管理的成本；周期设定的过长，又会影响绩效评估结果的真实性和公平性，不利于激励员工。最理想的情况是，除了每年公司整体要进行的年度绩效考核外，HR还要按照每个岗位的职责和工作内容，额外为各部门安排不同的考核周期，如表4-14所示。

表4-14 绩效考核周期的设定

绩效考核周期	适用对象	优点	可能存在的问题
月度	基层员工与基层管理者	1. 有助于推进公司的激励机制 2. 有助于使公司及时纠偏	1. 可能加大管理者和各部门的工作量 2. 当月度绩效评估与薪酬管理挂钩时，可能会增加公司经济压力 3. 可能导致员工出现短视行为，忽略自身长期的成长与发展
季度	中高层管理者	1. 对于大部分职能部门而言，以季度为绩效评估周期可以避免以月度为周期时工作量过大大的问题 2. 有效、及时地反映出各个岗位和部门在一个季度内的绩效 3. 中高层管理者要对公司总体的发展战略和经营计划负责，季度绩效评估结果能够更加科学、合理地反映他们绩效目标的实现情况	1. 对于生产、销售等岗位而言，以季度为评估周期时间略长，难以保证员工的绩效成果能够与市场需求形成良好回应 2. 不利于掌握被考核员工日常的工作效率、工作态度等方面的问题
年度	所有员工	1. 能够客观、公平、全面地反映每一名员工的绩效目标实现情况 2. 配合月度、季度绩效评估，能够实现对绩效目标从过程到结果的全面掌控	年度绩效评估经常会与每年度最后一个月的月度绩效评估、第四季度的季度绩效评估发生时间重叠，这就有可能导致绩效评估工作内容的重复，影响公司总体绩效管理工作的效率

例如，销售岗位员工的绩效评估重点集中在销售完成率、新客户开发率、回款率等方面，这类绩效指标通常是每月都有变化，因此，销售岗位员工的绩效评估周期就要设定为月度，配套的薪酬奖励也必须在每月绩效评估完成后尽快兑现，这样有助于提高员工的积极性。

研发岗位员工的绩效评估则必须根据研发项目的具体情况来设定评估周期。如果是大中型项目，评估周期就不能死板地按照月度、季度、年度来设定，而要根据项目进程和实际取得的研发成果来设定；如果是周期不超过一年的小型项目，则可以按照月度、季度、年度来设定评估周期。

生产岗位员工的绩效评估，由于生产周期通常是以日或星期计算，而且绩效评估重点集中在生产任务、生产安全、质量管理等方面，因此评估周期也应设定为较短的月度，以便于及时兑现薪酬奖励。而对于像汽车、药品等生产周期较长的产品，HR就要根据生产批次适当延长评估周期。

绩效评估周期的设定要从公司的实际情况出发。如果公司规模较小，组织架构简单，HR能够轻松、迅速地做好绩效管理工作，那么就可以为所有员工设定相同或相近的绩效评估周期；如果公司规模较大，HR就必须按不同岗位分别设定绩效评估周期，以更细致地考核员工的工作情况。

4.2 五步完成绩效计划的制订

制订绩效计划是绩效管理的第一环节，绩效计划是否科学合理、是否有效，决定了绩效管理能否成功。HR在制订绩效计划的过程中发挥着衔接和辅助作用，他需要为各部门管理者提供制订绩效计划的工具，并培训其具体指标的填写方式。另外还要汇总员工对绩效计划的建议，帮助部门管理者优化绩效计划。最后将确定的绩效计划归档保存，帮助公司建立完善的绩效管理体系。

那么，如何制订有效的绩效计划呢？员工绩效计划的制订包括五个步骤：梳理岗位职责、设定KPI、设定GS、设定权重、指标审核。

4.2.1 >>> 梳理岗位职责

岗位职责梳理是制订员工绩效计划的第一步。部门管理者进行岗位职责梳理的过程，也是将各岗位需要完成的复杂工作分解成独立的、延续的、可操作的一个个具体单元，从而实现岗位职责明确化、条理化、专业化的过程。

很多公司在制定岗位职责时会存在三方面的问题：一是职责空档，即不同的岗位职责之间有缺失；二是职责重复，即不同的岗位之间存在交叉、重叠的部分；三是职责错位，即本是某个岗位的职责却由另外一个岗位负责。部门管理者通过岗位职责梳理，还能进行岗位职责的调整、优化，使岗位职责更加科学合理。岗位职责梳理要遵循以下三个原则。

（1）客观性

部门管理者在进行岗位职责梳理时，要将岗位与具体工作需要结合起来，因事定岗。同时也要考虑到员工自身的客观情况，合理安排工作量。

（2）针对性

岗位职责梳理要做到人尽其才。一方面，部门管理者要将员工安排到能够最大限度发挥其能力和长处的岗位上；另一方面，要杜绝人力资源的浪费，合理配置人力资源。这能够有效减轻绩效管理工作的复杂性和强度，进而提升公司的效率和效益。

（3）规范化

部门管理者在进行岗位职责梳理时，必须对相同岗位进行统一命名，对岗位职责进行简洁、专业、明确、规范的文字叙述。

岗位职责梳理的具体流程和内容如表4-15所示。

表4-15　某公司岗位职责梳理的流程

流程	主要工作内容	参与部门
制定方案	成立岗位职责梳理工作小组,确定岗位职责梳理方案	HR部门
开展岗位职责梳理工作	各部门开展岗位职责梳理的具体工作:岗位名称、岗位编制、岗位职责、任职资格等,并与分管领导及岗位梳理工作小组沟通、讨论	岗位职责梳理工作小组所有部门
审核岗位职责梳理结果	岗位梳理工作小组对各部门提交的岗位职责梳理结果进行审核,最终形成岗位职责梳理报告	岗位职责梳理工作小组所有部门

在进行岗位职责梳理之前,HR需要制定完善的岗位职责梳理方案,为开展岗位梳理工作提供指导。HR还要就具体的梳理方法和梳理目标对部门管理者进行培训,汇总梳理结果,最终形成梳理报告。

4.2.2 >>> 根据SMART原则设定KPI

KPI可以把公司的整体战略目标分解为具体的、可操作的工作目标,进行公司绩效管理。KPI可以使员工明确自己的主要职责,并以此为基础,衡量员工的绩效。建立明确的、切实可行的KPI体系是做好绩效管理的关键。设定KPI时要遵循SMART原则,具体内容如下。

S代表具体(specific):指绩效指标应是细化的、具体的。

M代表可度量(measurable):指绩效指标应是可量化的。

A代表可实现(attainable):指绩效指标应在付出努力的情况下可以实现。

R代表现实性(realistic):指绩效指标应可以被证明和观察。

T代表有时限(timebound):指完成绩效指标应在有效的期限内。

KPI的设定要在SMART原则的基础上分步骤进行。首先,要确定公司的关键结果领域。关键结果领域是指对公司实现战略目标影响十分深远的领域。公司的关键结果领域包括品牌建设、销售力、研发水平、制造水平、售后水平、财务、人员及公司文化等。公司层级的KPI要以公司的业务重点和业务流程为依据，一般由公司高层确定，由HR下放到各部门。

其次，各部门明确公司层级的KPI后，部门管理者要把公司层级的KPI分解成自己部门的KPI。部门管理者要根据本部门的绩效驱动因数，如技术、组织、人等，确定部门的KPI。

再次，各部门管理者要和HR一起，根据公司的业务计划、流程、部门职责、职位职责等信息，进一步分解出员工KPI及各职位具体的绩效指标，为员工提炼出可衡量的、具有代表性的KPI，这些指标是员工考核的依据。员工绩效指标的数目不宜过多，数量控制在4～8个最为合适。

最后，从公司到员工的绩效指标体系确立后，HR还需要完成后续的总结工作，建立评价指标体系与指标库。绩效指标解决的是从哪些方面衡量工作的问题，而绩效指标标准解决的是各个指标分别应该达到什么样水平的问题。

4.2.3 ≫ 设定合适的GS指标

GS考核是对员工工作范围内的一些相对长期的难以量化的关键工作进行考核的一种方法。因公司不同职位的工作内容有很大的差异，而且并不是所有工作都可以量化，比如某些职能部门的工作，这时，通过设定GS指标就可以解决这些问题。

设定GS指标是对KPI考核进行的补充和完善。因此，GS指标不能和KPI重复，而且因为KPI考核的客观性更强，对绩效的衡量也更加精确，所以对于能用KPI衡量的工作应首先使用KPI进行考核，对于使用KPI衡量的工作，再通过设定GS指标来完成绩效评估。

GS指标要由考核者与员工共同商议确定，内容包括员工在考核期内应完成的主要工作及效果等。设定GS指标同样需要遵循SMART原则，指标提取要侧重于对实现公司战略目标有帮助的关键工作，GS指标不宜设定过多，一般控制在3～5个即可。GS指标设定的范例，如表4-16所示。

表4-16 某公司员工工作目标计划表

姓名		工号			入职时间	
所属部门		职务			培训时间	
GS 指标						
项目	工作目标	工作性质		制定人	制定时间	预定完成时间
		主要	次要			
1						
2						
3						
工作目标执行者：						
直属管理者				部门管理者		

4.2.4 >>> 做好权重分配工作

权重分配对绩效指标体系而言也是十分重要的，考核者需要通过对员工的职位性质、工作特点等因素的分析，确定KPI、GS指标中各项具体指标在整个指标体系中的重要程度，并为其分配权重。

权重设计包括两方面：一是关键绩效指标的权重分配，如"客户满意度""员工流失率"等，每一项的权重一般不小于5%；二是工作目标指标的权重分配，不同于关键绩效指标的评估，工作目标各项指标的权重之和为100%，一般只有3～5项，如表4-17、表4-18所示。

表4-17 某公司中层管理者绩效权重分布表

绩效考核维度	绩效考核主体	季度绩效考核权重	年度绩效考核权重
任务绩效	直接上级	60%	50%
周边绩效	直接上级	10%	10%
	相关部门	10%	15%
管理绩效	直接上级	10%	10%
能力水平	直接上级	5%	5%
	相关部门	5%	10%

表 4-18　某公司技术人员绩效权重分布

绩效考核维度	绩效考核主体	季度绩效考核权重	年度绩效考核权重
任务绩效	直接上级	80%	70%
能力	直接上级	5%	10%
	同级员工	5%	10%
态度	直接上级	10%	10%

4.2.5 》》 对指标的合理性进行检查

指标审核是指检查指标是否合理、是否具有一致性，主要从横向和纵向两个方面进行。从横向上，考核者需要检查相同职位的 KPI 与 GS 指标的设定和权重分配是否统一。从纵向上，考核者需要检查各层级的指标是否在下一层级中得到了进一步分解，能否保证公司整体发展战略目标的实现。

指标审核可以从五个方面进行。

① 明确工作产出是否为最终产出。指标审核要检查绩效指标是否考核的是工作的最终成果，而不是工作的阶段性成果。

② 明确指标的科学合理性。指标审核要检查相同职位的指标是否与权重的分配相一致。

③ 明确所有指标能否解释员工 80% 以上的工作目标。指标审核要检查指标是否包含了员工工作的主要内容。

④ 指标审核具有可操作性。考核者必须有一整套可以跟踪和监控指标实行的方法。

⑤ 留下超越标准的空间。指标审核要检查指标设置的标准是否在大多数员工努力就可以达到的水平之内。

4.2.6 >>> 案例：一份合格的员工绩效计划

以呼叫中心为例。

绩效计划目标：呼叫中心通过为员工制订绩效计划使员工明确工作目标，提升自身能力，规范日常工作行为，以及提升工作意愿。

绩效计划对象：呼叫中心基层正式员工。

绩效计划周期：绩效计划以月为单位进行。

考核项目：

① 电话回访：回访完成率、不满意投诉率。

② 咨询电话：专业技能、投诉解决回复率、客户满意度。

③ 其他类投诉。

呼叫中心员工绩效考核计划的内容，如表4-19 ~ 4-21所示。

表4-19 呼叫中心员工绩效考核内容

项目	权重	考核标准										得分
		比率	扣分	比率	扣分	比率	扣分	比率	扣分	比率	扣分	
专业技能接听质量	30	每次抽查不合格扣2分，扣完为止。										
客户投诉解决率	20	0%	0	0 ~ 0.4%	2	0.5% ~ 1%	4	1.1% ~ 1.5%	10	1.4%以上	10	
回访完成率	10	100%	0	95% 以下	1	95% ~ 80%	2	79% ~ 75%	3	75%以下	5	
回访真实度	10	100%	0	95% 以上	1	95% ~ 80%	2	79% ~ 74%	3	75%以下	5	
客户满意度	10	100%	0	95% 以下	1	95% ~ 80%	2	79% ~ 75%	3	75%以下	5	
报表上交真实性	10	上交的报表不真实，每次扣2分，本项分值扣完为止。										

续表

项目	权重	考核标准										得分
		比率	扣分	比率	扣分	比率	扣分	比率	扣分	比率	扣分	
审计、纠错及行政通报等	10	当月中有审计、纠错及行政通报等情况，每次扣2～10分，分值视问题严重性而定，本项分值扣完为止。										
奖励及处罚		1. 收到顾客表扬信一次，加1分；被部门表扬一次，加2分；被公司表扬一次，加3分；被媒体表扬一次，加5分。 2. 被顾客投诉一次，扣1分；被部门批评一次，扣2分；被公司批评一次，扣3分；被媒体批评一次，扣5分。										
总计得分												
备注		以上所有扣分都是每次考核扣的分值，每项分值都是扣完为止。										

表 4-20　考核主体所占权重

考核主体	权重	考核重点
员工	15%	工作任务完成情况
HR	60%	绩效与能力
小组考核	25%	工作合作性、服务性

表 4-21　呼叫中心考核实施标准

项目	数据来源	检查途径	标准
专业技能接听质量	电话抽查	公司抽查、其他途径	公司规定
客户投诉解决率	公司抽查	客户投诉、公司抽查	100% 解决并回复
回访完成率	公司抽查	公司抽查	公司规定
回访真实度	公司抽查	客户投诉、公司抽查	100% 回访到位
客户满意度	公司抽查	客户投诉、公司抽查	公司规定
相关说明			
编制人员	审核人员		批准人员
编制日期	审核日期		批准日期

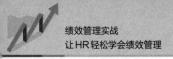
考核结果处理：

① 连续三个月考核排名在前三名，分别奖励300元、200元、100元，名次并列同时奖励；

② 月考核评比排名后三名者，由呼叫中心分部管理者仔细分析原因并找到解决办法，在月工作计划上交的三天内提交整改方案；

③ 总部视情况对分部管理者提交的改进意见书进行反馈，并对绩效问题作出处罚。

第5章

绩效辅导：
切实为员工提供帮助

绩效辅导是指考核者为了帮助员工完成绩效目标，提高绩效成绩，通过面谈等形式为员工提供指导。绩效辅导贯穿绩效管理的始终，主要形式有答疑、培训、鞭策、监督、鼓励、纠错等，在这个过程中，通过被考核人的积极参与，不断为其强化自己应当承担的绩效责任。

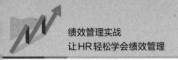
5.1 绩效辅导的流程

在整个绩效辅导的过程中，考核者的作用就是帮助被考核者最大限度地发挥自己的潜能，以实现绩效目标。绩效辅导可以让考核者全面、客观地了解被考核者的工作情况、工作能力，还能使被考核者对自己的绩效责任拥有更强的认知，进而提高绩效和工作能力。绩效辅导关乎绩效考核的成败，是公司推进绩效管理工作的重要环节。

5.1.1 >>> 准备工作：磨刀不误砍柴工

绩效辅导过程中最重要的是沟通，考核者在与员工沟通之前，要先做好一系列准备工作。

小陈在一家生产型公司的人力资源部工作，主要负责员工培训；张经理是该公司的人力资源部经理。

一天，张经理给小陈打了一通电话："公司这个月的绩效评估快结束了，你简单说一下自己这个月的工作情况。"

小陈："这个月我基本上完成了预期的工作目标，不足之处就是自己业务能力还需要加强。下个月我会继续努力工作。"

张经理："小陈，你的工作整体还可以，但是这个月开主管会议的时候，研发部的李总说没收到培训计划，没能提前安排好部门工作，导致他们的研发工作受到很大影响，这是你造成的吧？"

小陈："张总，那是我工作太忙给忘了，我保证下不为例！"

张经理："这个你得注意了，还有你每次组织培训，都在那照本宣科，念完培训材料，说几句套话就结束了，你这根本就是在敷衍了事。就你这种表现，这个月的绩效奖金肯定是没有了。"

小陈："张总，那您觉得我的工作该如何改进？"

张经理："今天就到这儿吧，我现在还要出去办点事。"

挂断电话后，小陈对张经理突如其来的批评感到摸不着头脑。张经理后来也没有就小陈如何改进工作和他继续沟通。小陈依然按照原来的方法进行工作，依旧会重复之前的问题，工作质量并没有得到改善。

上述案例中的情形在很多公司中都会出现，经常是不仅没有帮助员工提高绩效，还引起了员工的反感。上述案例主要存在以下三个方面问题。

第一，张经理没有正式通知小陈要进行绩效辅导沟通。绩效辅导应该贯穿绩效管理工作的始终，而张经理打电话给小陈时绩效评估工作已经快结束了，这不免让小陈觉得张经理有应付差事的嫌疑，而不是真正想帮助自己提高绩效，内心会下意识地抗拒这次沟通。

第二，绩效辅导的方式、时间选择有误。张经理直接通过打电话的方式与小陈沟通绩效问题，事起仓促，小陈全无准备，但是张经理仍要其汇报。同时，张经理也没有为绩效辅导沟通做任何准备工作。双方都没有准备好，绩效辅导沟通失败在所难免。

第三，张经理没有针对小陈的绩效问题制定应对策略。在整个绩效辅导沟通过程中，张经理对小陈的工作情况都是泛泛而谈，没有深入分析小陈工作中出现的问题，也没有对其工作问题提出相应的解决方案，更没有谈小陈工作中的优秀表现，只是一味地苛责小陈工作中的不足。这样的绩效辅导沟通，不仅不能让员工认真反思自己工作中的不足，甚至会让对方认为管理者在故意"找麻烦"，造成双方的对立，最终的结果只能是不欢而散。

那么，成功做好绩效辅导沟通包括哪些步骤呢？整个绩效辅导沟通的流程可以分为四步：开场白、揭示主题、正式讨论、收尾。

开场白是指部门管理者待二人坐定后，不要直接让员工汇报绩效情况，而是

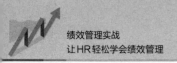
先介绍一下本次绩效辅导的目的、主题、意义等。这是为了给员工一个心理准备，消除员工的紧张情绪，为后面的绩效沟通做好准备。

例如，张经理致电小陈时先说："小陈，明天下午两点到三点半，我想请你来我办公室，咱俩就你这个月的绩效评估问题进行一次绩效辅导沟通。希望沟通之后，你能提高绩效，你有什么意见和建议都可以提出来，我们来讨论。最后我们一起来制定你的绩效提高方案。"这样的表述更显张经理对本次绩效辅导的重视，与小陈的沟通效果就会好很多。

在正式的讨论环节，部门管理者与员工要就绩效指标的内容与界定标准，讨论各个指标的完成情况，分析未完成或完成不佳指标存在的问题，提出针对性的解决方案，并确定后期跟进方式。

最后是收尾阶段。在这个阶段，部门管理者应当简要总结双方在绩效辅导沟通过程中达成的一致意见，给员工树立信心，并将沟通结果形成书面文件，让员工签字确认，同时要感谢员工的积极配合。

明确了绩效辅导沟通的流程以后，部门管理者要充分考虑员工的思维方式、性格特征，预设绩效辅导沟通过程中可能出现的突发情况的应对方法，并准备员工上一期绩效评估报表、员工的绩效完成记录、员工与HR的沟通记录、员工的自我评价、员工的工作日志等沟通准备材料。部门管理者事先对绩效辅导有充足的准备，与员工的沟通过程也会更有保障。

5.1.2 》》 沟通工作：重点是找出问题

在做好准备工作后，部门管理者还要与员工约定绩效辅导沟通的时间和地点，为员工留出准备的时间。在正式沟通过程中，部门管理者要先对员工工作中的突出表现表示肯定，再指出员工工作中的不足之处，并提出解决问题的方案。

张经理和小陈的绩效辅导应这样安排，根据公司的安排，张经理再次约小陈进行绩效辅导沟通，这次两个人都为绩效辅导沟通做了充分的准备。张经理起草了沟通方案，仔细审阅了小陈的工作日志、培训会议记录、上一期的绩效评估报告等材料，并提前通知小陈整理好当月的工作总结，约定了绩效辅导的时间和地点。待到约定的时间，小陈准时来到张经理的办公室。

张经理："小陈，你这个月的工作总结和工作日志我都认真看过了，整体工作十分不错，你在制定培训方案、实施培训方案、培训总结这几方面都做得很好，这些都是值得肯定的。希望你在将来的工作中再接再厉，继续做好这些工作。"

"同时，我还有两个问题想和你沟通一下，一个是培训的组织安排，最近你安排得不是特别好，像研发部的李总就在主管会议上反映你这个月没及时把培训计划文件发给他，耽误了他们部门工作。此外，有些同事反映你在培训时只是照本宣科，念完培训材料，说几句套话就结束了。关于这两个问题，我想听听你怎么说。"

小陈："张总，你刚才说的那两个问题确实有，但我也有自己的苦衷。比如说培训的组织安排，最近公司临时交给我一些紧急任务，我分身乏术，就忘了发放培训计划文件，我也经常提醒别的部门主管来拿文件，但他们也记不住。"

张经理："那你有没有什么解决思路？"

小陈："我觉得可以再开一次主管会议，讲一下培训的重要性，让各主管明白培训是他们工作内容的重要部分，不能轻视培训工作。而且还要私下常和他们沟通这个问题，效果会更好。"

张经理："嗯，你说得对。你如果能和各主管多沟通培训的工作，让他们认识到培训的重要性，培训工作就更好开展了。今天沟通之后，我和各部门主管提前报备一下，以后你要尽可能和他们多沟通，好吗？"

小陈："谢谢张总，另外，关于培训的问题，公司现在有些培训的内容是重复的，比如关于公司制度的解读、公司礼仪等，反复讲这些内容，老员工也不愿意听。是不是能够直接给新入职的员工单独培训这些内容？"

张经理："你说得很有道理，减少一些不必要的培训，也能节省很多时间，这个问题我会尽快向公司提出来的。总的来说，你这个月的工作整体不错，但是也要重视出现的问题，以后你还要多和其他部门沟通，希望下个月能够看到你的进步。"

张经理和小陈经过良好的沟通，明确了小陈工作中的问题，同时提出了解决方案，这能够指导小陈接下来更好地完成工作。绩效辅导沟通的目的是帮助员工提高绩效、帮助员工成长。部门管理者认识到这一点，沟通就会事半功倍。在上述案例中，张经理和小陈的沟通之所以能够取得良好的效果，是因为两人能够耐心分析问题，并找出解决问题的方法。那么，部门管理者进行绩效辅导沟通的技巧有哪些呢？

首先，部门管理者要与员工进行讨论，共同找出员工工作中的问题。部门管理者在进行绩效辅导沟通前，要做好充足准备，了解员工近期的工作内容、状况、成绩等，这样才能与员工有"话"可谈。

其次，部门管理者要制订具体有效的行动计划。绩效辅导的目的在于帮助员工更好地开展工作，因此部门管理者在找到员工的问题后，要有针对性地提出解决办法，制订合理有效的行动计划，否则，绩效辅导就只是纸上谈兵。

最后，部门管理者要充分听取员工的意见。工作中出现的问题除了员工自身原因造成的外，还可能因为一些客观原因。这些客观原因员工一般很难改变，需要部门管理者为其提供一些资源或帮助，这时部门管理者就要酌情为员工提供必要的支持，以便让员工能安心工作。

5.1.3 》》 总结工作：积极给予员工反馈

绩效辅导工作贯穿绩效管理的始终，在这个过程中，部门管理者要及时给予员工反馈，以帮助员工改进工作，完成绩效目标。绩效反馈可分为正面反馈与负面反馈。正面反馈是部门管理者对员工的称赞和认可，并提出一些优化意见；负面反馈是部门管理者与员工沟通之后，指出员工的不足之处，并针对员工的不足之处给出具体的解决方案。

正面反馈的关键在于"具体"，部门管理者将正面反馈讲得具体，才能够达到最好的反馈效果。以"李某做市场调研很辛苦"为例，说明正面反馈的效果。

泛泛的反馈："李某工作很努力，非常敬业，这个月废寝忘食，工作特别投入。李某辛苦了，好好放松两天吧，休息一下。"

具体的反馈："小李，你这个月工作特别投入，为了做市场调研报告，连续两天加班了。我看过你的报告了，完成得很快，而且很有质量。整个报告数据详实、主次分明、分析细致入微。特别是市场前景分析那部分内容，紧扣公司的实际情况，分析方法和分析思路都很独到，解决方案也非常具有可行性。这对公司下一步打开市场具有指导意义。我想，这两天你再辛苦一下，做个总结，对你将来工作也有好处。"

第一种反馈固然有效，但李某仅会对部门管理者有一些感激之情。第二种反馈才是李某喜欢的。员工更在意的是部门管理者对工作本身的反馈，这可以帮助他将工作做得更好。泛泛的称赞对员工有一定的激励效果，但非常有限，与此相比，员工更希望知道部门管理者对自己工作真正的评价，这可以让他们知道后续工作努力的方向，从而更好地投入工作。

负面反馈不等于给员工"差评"，其要点是"只描述，不评判"。具体来说，要遵循以下几条法则。

第一，对事不对人。部门管理者不能因为员工在某些工作上的不足，就做出员工"干什么都不行"之类的主观论断。第二，只讲后果。在负面反馈过程中，部门管理者只要客观、准确地描述员工的错误行为给公司带来的不良后果就可以，然后让员工自己认识到问题，而不是一味批评员工甚至人身攻击。部门管理者不能掺杂太多个人主观情绪到反馈中，否则很容易导致部门管理者与员工的关系恶化。第三，以正能量的方式结束。负面反馈的最后，部门管理者要告诉员工提高绩效之后的积极结果，即对员工个人和公司有什么好处。以"李某醉酒"为例，说明负面反馈的效果。

评判式反馈："李某喝酒后还上班，在公司影响极坏。"

负面反馈："李某喝了酒，一身酒气，还在走廊撞了别的同事，在办公室大声喧哗，大家都听说了。"

评判式反馈加入了个人主观情绪，仅说明了李某喝酒以后来上班，在公司影响极坏，并没有讲出影响坏的表现。第二种负面反馈是在客观描述，不带有任何主观色彩，将李某喝酒上班的具体表现指了出来，有理有据，更容易服众。

部门管理者及时给予员工反馈能够让员工认识到自己工作中的优势及不足，从而坚持自己的优势，改掉自己的缺点，更好地完成绩效目标。在给予员工反馈时，无论是正面反馈还是负面反馈，部门管理者都要讲方法、讲技巧，以便使反馈达到更好的效果。

5.2　绩效辅导的管理

在各部门绩效辅导工作完成后，HR需要对绩效辅导工作进行检查，并评估各部门绩效辅导工作的质量，以优化绩效辅导工作。正所谓有检查才能保证执行，有检查才能保证落实，绩效辅导能否起到应有的效果，与HR的检查工作是否到位有分不开的关系。

5.2.1 >>> 检查绩效辅导的书面记录

绩效辅导一个非常重要的工作就是形成详细的书面记录。书面记录的好处有二：一是为绩效辅导工作提供证据；二是为员工后续改进工作提供依据。

绩效辅导书面记录应该具备三个特点，即完整、及时、有效。完整是指绩效辅导书面记录应该详细记录考核者和被考核者交流的过程，并且重点标示被考核者的工作问题及改进计划。及时是指公司对各部门绩效辅导的时间和上交绩效辅导书面记录的时间应该有统一的规定。而HR要在各部门绩效辅导结束的规定时间后经行抽查，以避免有的部门在上交绩效辅导书面记录之前临时抱佛脚。有效是指HR要保证绩效辅导书面记录的所有内容是真实有效的，而不是部门管理者为了完成工作拼凑的。对此，HR可以对员工进行抽查询问，以保证各部门真正落实了绩效辅导工作。

小刘在一家研发机构担任HR，在每年公司开展绩效考核工作时，小刘会提前通知各部门进行绩效辅导的截止时间并要求各部门管理者将绩效辅导书面记录于绩效辅导结束后5日内上交到人力资源部。除此之外，小刘还会在绩效辅导结束后的5日抽查各部门绩效辅导工作的完成情况，具体通过约谈考核者和被考核者的方式。在抽查过程中，小刘发现销售部的张经理并没有对员工进行绩效辅导，每次都是临近上交绩效辅导书面记录的日期时，草草填一下表格以应付工作。

在了解这一问题后，小刘与张经理进行了一次面谈，对张经理这种"临时抱佛脚"的工作态度提出了批评。小刘向张经理阐明了绩效辅导的意义，并明确告知其以后会重点检查销售部的绩效辅导工作。张经理受到了公司上级的处罚，并重新对部门员工进行了绩效辅导，提交了新的绩效辅导书面记录。

上述案例体现了HR在绩效辅导工作中的作用。有效的绩效辅导检查可以保证各部门绩效辅导工作的质量，从而推动公司绩效管理工作的落实。

5.2.2 >>> 案例：肯德基如何做绩效辅导

肯德基是世界知名的大型快餐连锁公司之一，无论在亚洲、非洲还是美洲，都能见到肯德基的标志。在几十年的发展历程中，肯德基在绩效管理上投入了大量的人力、资金。从公司管理者、大堂经理到普通服务生，肯德基都为其制定了相应的绩效辅导方案，在帮助员工提高业务能力的同时，也促进了员工的个性化发展。

绩效辅导是公司必须进行的工作之一，绩效辅导能够提高员工对公司的忠诚度和公司内部的凝聚力。在人力资源管理方面，肯德基奉行"以人为本"的原则，注重员工的快速进步，这是公司能够长期在全世界占有市场的关键所在。肯德基绩效辅导最重要的一项工作就是对员工进行培训，通过提高员工的业务能力和认知能力，提高员工的工作效率、工作质量，从而提高公司的市场竞争力。

肯德基的员工培训体系像是一座金字塔，员工的能力达到公司要求了，就可以往上走一级，站到新的平台上；员工的能力继续提升，又能再往上走一级。肯德基的"职业天梯"给了每一名员工晋升的机会和希望。

以大堂经理为例，依照肯德基对员工的工作岗位要求，大堂经理必须熟悉自己负责的餐厅的整个运转流程，包括产品库存情况、人员配置、各类突发情况的应对方案、产品的品质要求等。培养一名合格的大堂经理，短则一年，长则四年，在培训期间他们要掌握扎实的专业知识与技能，所以他们要在餐厅的各个岗位轮岗实习，以保证能熟悉所在餐厅的所有工作。

对于各层级员工，肯德基都为其投入了财力和人力进行全方位、多角度的培训。肯德基配置了专门的培训团队，团队的任务是进行深入调研，摸清楚公司的发展方向和员工的总体情况，包括预测公司第二年的发展情况，预测公司对各类员工的需求情况，了解员工的业务能力、文化程度、管理等方面的基本信息，了解员工的个人发展需求，确定公司在培训方面具备的客观条件等。

肯德基从公司的实际情况出发，制订了总体培训计划与分支培训计划，并平衡各方面关系，让培训与公司的运营、公司与员工的需求、培训的投入与产出都达到了平衡。培训计划在平衡各方面内容后制订，主要包括预期的总体目标、培训内容设计、季度与月度的培训计划、培训的财务预算等。

从入职第一天开始，每一名新员工都会受到严格的培训，学习必要的操作技能。公司平均每个月都会为新入职的员工安排20小时左右的培训，使员工快速从一个"小白"变成一个掌握了所有操作技能的"专家"。

针对不同的职位，肯德基都会有专人对其进行绩效辅导，绩效辅导与员工的成长紧密联系，是肯德基公司文化的一大特色。例如，公司培养一名区域经理，在培训开始时就已经制定好了之后每一阶段的培训内容。一开始学习的仅是一些基本操作技能，以及从事管理工作时需要的处理人际关系的基本技巧，随着其管理能力的不断积累与职位的提升，肯德基会安排新的培训内容。而当一名新员工经过多年打拼成为区域经理之后，培训的内容会更多，不仅要学习区域管理的方法，还要接受更高端的业务能力培训，甚至可能被安排去其他国家的肯德基分公司开阔视野，为后续的晋升做准备。

培训只是肯德基对员工进行绩效辅导的一部分内容，与之配套的还有科学的薪酬管理制度。肯德基是根据公司所处地区以及员工的业绩来确定员工薪酬的，发放薪酬的基本原则是多劳多得。例如，加班时间超过30分钟，加班费按照日常的1.5倍发放。

在肯德基内部，支撑起绩效辅导的是科学、完备的绩效考核机制。绩效考核机制不仅是为了提高员工的绩效，培养和提拔其中的佼佼者，更大的意义是激发员工的主观能动性，让员工全身心为公司服务。基于这种考虑，肯德基的绩效考核包括四方面内容。

第一，建立了绩效考核沟通制度，每月绩效考核结束后，管理人员会与下属员工就考核结果直接进行沟通；第二，建立了季度性的文字评语制度，每一个季度的绩效考核结束，区域经理会作出文字性评述，这样可以使员工知道公司对他们的认可程度，并感受到公司的人文关怀；第三，在研发部实行业务能力等级划分，让研发人员明确自己在整个团队中的地位，取长补短；第四，加强绩效考核后的绩效辅导，避免出现考核误差，确保考核的公平性、科学性和有效性。

肯德基在绩效辅导上的种种举措，不只是为公司创造了巨大效益，也让公司的文化深入人心，使肯德基的品牌效应得到了进一步提升。肯德基通过科学、完备的绩效辅导，将创造利润与公司"餐厅服务第一"的文化紧密联系在一起。现代公司应当借鉴肯德基的成功经验，在运营过程中，不仅是凭借资本，更多的是要凭借公司文化，注重绩效。

第6章

绩效辅导要素：
共赢才是王道

部门管理者通过对员工进行绩效辅导，发现员工工作中存在的问题，并及时通过与员工沟通确定问题的解决方案。绩效辅导可以帮助部门管理者与员工建立良好的工作关系，从而使工作开展得更顺利，实现双方共赢。对此，部门管理者要把握绩效辅导的内容，明确绩效辅导的不同对象和不同类型，以便更有针对性地开展绩效辅导工作。

6.1 绩效辅导的内容

绩效辅导的内容分为工作辅导和月度回顾两个方面，部门管理者在对员工进行绩效辅导后要形成书面记录，HR最终通过绩效辅导书面记录检查各部门的绩效辅导工作。

6.1.1 >>> 工作辅导：促使员工取得进步

工作辅导包括具体指示、方向指引、鼓励促进三个方面的内容。

具体指示是指对于完成工作目标缺乏相关专业知识和技能的员工，部门管理者需要对其进行针对性的绩效辅导，帮助员工确立若干个具体的、可实现的小目标逐步完成工作目标，并及时了解工作目标的实现情况。

方向指引是指对于完成工作目标应具备相关专业知识和技能，但存在一些困难或问题的员工，部门管理者对员工进行绩效辅导时需要为其指引方向，帮助员工解决问题。

鼓励促进是指对于业务能力出色、能够不断实现绩效进步、顺利完成工作目标的员工，部门管理者应当给予其适当鼓励，并与其共同制定提高绩效的方案。

员工取得绩效进步通常都是做到了以下四个方面。

（1）肯干、巧干

机会只会垂青肯努力的人。部门管理者在进行绩效辅导时，不仅要鼓励员工努力工作，还要让员工学会巧干，掌握先进技术，提升自己的工作能力和绩效。

（2）乐观

乐观的心态不仅能够使员工提升绩效，还能够传递正能量，鼓舞其他员工。因此，部门管理者在对员工进行绩效辅导时，要培养员工的乐观精神，让其面对困难不气馁，更加积极地投身于工作中。

（3）求知欲强

部门管理者在对员工进行绩效辅导时，要引导员工思考问题，自己找到最佳的解决方案。对此，可以指导员工向其他员工请教问题、学习方法，在这个过程中，员工会形成主动思考的习惯，强烈的求知欲刺激员工向现状发起挑战，进而主动寻求完成绩效目标的办法。

（4）善用数据

绩效辅导的目的是提高绩效，而绩效的好坏可以通过数据直观地反映出来。因此，在进行绩效辅导时，部门管理者要指导员工将绩效结果整理成数据的形式。这个过程不仅可以使员工对自己的工作有更清晰的把控，还能够提升员工的分析能力。

6.1.2 》》》 月度回顾：总结经验教训、扬长避短

月度回顾与分析是部门管理者就员工这一个月的工作情况对其进行绩效辅导，目的是从员工这一个月的工作状况中总结经验教训、扬长避短，并给未来的工作找出努力的方向。月度回顾的内容通常包括当月的绩效实现情况、存在的问题和原因分析、改进措施、未来的工作计划等，如表6-1所示。

表 6-1　月度绩效回顾

部门		岗位		姓名		时间	__年__月__日__至__月__日
第一部分　本月绩效实现情况							
常规工作							
专项工作							
第二部分　存在的主要问题原因分析及改进措施							
存在的问题							
原因分析							
改进方案							
第三部分　下月工作计划							
1. 2. 3. （注：工作计划应明确工作内容、要求及完成时间）							
第四部分　工作建议及协调支持事项							
工作建议	1. 2. 3.						
协调支持事项	1. 2. 3.						
第五部分　领导审阅意见							
部门领导	签名：						
分管领导	签名：						
总经理	签名：						
填报说明： 　1. 月度绩效总结周期为当月1日至25日。填表人须于每月25日17：00前填写此表（第一至第四部分），并以电子邮件形式提交部门负责人签署意见 　2. 各部门领导于当月26日17：00前将本部门员工的月度绩效回顾表汇总后签署意见，以电子邮件形式交分管领导审阅 　3. 各分管领导于当月28日17：00前，集中签署意见后以电子邮件形式提交总经理审阅 　4. 行政部于下月3日前将总经理审阅签署意见后的月度绩效回顾表以电子邮件形式取回，作为员工绩效考核的重要依据集中归档保存							

6.2 绩效辅导的对象与类型

绩效辅导的对象与类型是部门管理者在绩效辅导的过程中需要重点注意的一个问题。正所谓"千人千面"，每个员工都有自己的特点，这就要求部门管理者在进行绩效辅导时不能一概而论，否则就会让绩效辅导沦为形式。另外，绩效辅导有不同的类型，能达成的目的也不同，需要部门管理者明确绩效辅导的类型，抓住沟通的重点。

6.2.1 >>> 绩效辅导的对象

部门管理者在对员工进行绩效辅导时，应当做到有的放矢，针对不同的绩效辅导对象的特点，采取不同的沟通方式以及辅导策略，如表6-2所示。

表6-2 员工类型与绩效辅导策略

员工类型	绩效辅导策略
进步神速者	1. 及时给予员工适当的正面激励并向其他员工公布其绩效成绩，树立榜样 2. 适当向员工提供更多具有挑战性和风险的工作 3. 加强绩效沟通，为员工制定长期的职业生涯规划
表现进步者	1. 了解员工的长处并分析决定绩效进步的主要因素 2. 与员工共同制定能够继续提高绩效的方式方法 3. 继续关注员工的工作进展情况，必要时提供相关的辅导和培训
未尽全力者	1. 了解员工未尽全力工作的原因 2. 探求员工的优势所在和兴趣所在，以此为切入点进行激励和辅导 3. 根据员工的需求调整工作目标和绩效指标
表现退步者	1. 了解员工绩效退步的原因 2. 在日后的绩效管理中加强工作检查和绩效反馈 3. 为员工提供更具针对性的绩效辅导 4. 与员工共同制定阶段性的提高绩效的方式方法

很多公司都忽视了对新员工的绩效辅导，事实上，新员工的绩效辅导是公司绩效管理工作一个循环的开始，如果公司在员工进入公司伊始就为其找到了正确的工作方法和工作方向，会非常有利于新员工的成长。新员工的绩效辅导包括很多内容，除了岗位知识和业务能力外，还包括公司文化、公司的各项规章制度等多个方面。这个工作一般都是由HR和部门管理者共同负责，HR负责培训新员工的理论知识，部门管理者负责安排新员工的业务实践。

对新员工进行绩效辅导之后，HR还要负责跟进绩效辅导的效果，发现并解决新员工存在的问题，如表6-3所示。

表6-3　新员工绩效辅导跟进记录表

姓名		入职日期		所在部门	
所在岗位		直接上级		跟进日期	
1. 你是否已经明确公司的规章制度，以及部门的工作流程，针对这些制度流程你是否可以接受？有何建议与意见？					
2. 关于你的工作岗位，HR是否有对你进行绩效辅导，绩效辅导是否有效？辅导的时长？					
3. 你认为你的HR在工作中是否合格？对你的关心力度是否够？需要他做一些什么改进？					
4. 工作中你发现问题有无及时向HR汇报？HR是否及时为你处理？					
5. 你目前的工作岗位是什么？针对你目前工作的工作目标和绩效指标是否明确？你认为工作内容与工作量是否合理？					
6. 你在目前的工作当中有哪些困难？针对这些困难，你有何建议？					
7. 老员工对你们是否有所帮助，是否有排挤现象？					

续表

8. 你是否为下一步工作改进制订了计划? 如有,请简要地谈谈。	
直接上级评价意见	工作能力:
	工作态度:
	发展潜力: 直接上级签字/日期:

6.2.2 >>> 绩效辅导的类型

绩效辅导根据内容的不同可以分为两种类型:一种是为员工丰富专业知识、提高专业技能,从而帮助员工矫正行为;另一种是部门管理者在自己的权力范围内,为员工提高绩效提供人力、财力等必需的资源支持。如表6-4所示。

表6-4　绩效辅导类型

绩效辅导类型	具体内容
矫正员工行为	1. 在发现员工的工作目标发生偏差时,部门管理者应及时对其进行纠正 2. 当员工能够胜任工作岗位的要求,按照绩效计划开展工作并且工作目标没有偏差时,部门管理者应当让员工放手工作
提供资源支持	员工由于自身职能和权利的限制,在工作过程中,可能会遇到资源不足的情况,而这些资源是实现工作目标所必需的。此时,部门管理者应向员工提供必需的资源支持,协助其实现工作目标

在进行绩效辅导的过程中,部门管理者需要注重与员工的沟通,了解员工的工作思路,判断员工达成绩效的可能性、改进措施的有效性、对自己目前工作的认知程度等。很多部门管理者把绩效辅导等同于警告或批评教育,完全把控绩效辅导的内容,强硬地要求员工抓紧时间改善工作,却并不关心出现问题的

原因，以及应采取什么措施改善工作。

这样的辅导方法确实能让部门管理者更快地完成工作，但最终的绩效辅导效果却并不能令人满意。部门管理者要倾听员工的想法，了解员工的想法和建议，或者直接让员工自己分析问题，然后共同讨论提高绩效的方法。

部门管理者通过倾听员工对问题的看法，可以直观地看到员工对工作的理解是否到位，判断其提出的改进措施是否有效、是否符合规定。接下来，部门管理者就可以根据员工的看法适度调整、补充具体的提高绩效的方法，一步步把员工引导到正确的轨道上来。在这个过程中，部门管理者要尽量避免对员工施加过多的压力，尽量通过理性引导让员工自己找到问题，回到正轨。

为提供资源支持而进行的绩效辅导，部门管理者需要主动询问员工需要哪方面的支持。对员工来说，向公司寻求资源支持属于谈条件，因此，员工可能不愿意主动和部门管理者谈论这些内容。但若是部门管理者主动询问员工需要什么帮助或支持，员工可能会提出一些意想不到但非常有价值的信息。

此外，当员工提出自己需要的资源超过部门管理者的权限时，部门管理者不要一味否认员工，要先听取员工的看法，分析其可行性，如果确实是工作必需的资源，部门管理者可以向上申请资源的调配。

6.2.3 >>> 案例：房地产公司的绩效辅导

某房地产公司有员工2000多人。近两年来，该公司的绩效考核都只是以结果为考核标准，没有绩效辅导等其他辅助工作，因此，该公司的绩效管理工作一直收效甚微。通过总结前几年绩效管理工作中的经验教训，该公司优化了绩效管理工作，加强了对绩效辅导的重视。通过绩效辅导，该公司员工的绩效大大提升。

在优化绩效管理工作后，该公司要求各部门每次绩效考核都必须对员工进行绩效辅导，并将绩效辅导的书面记录汇总到人力资源部。各部门管理者通过对员工进行绩效辅导，发现了员工的绩效问题，并找出了造成绩效问题的主要因素。各部门管理者联合HR针对员工的绩效问题，有针对性地实施了培训、辅导，并与员工进行面谈，询问他们对于绩效辅导的意见和建议。在落实绩效辅导的过程中，该公司进行了以下三个步骤。

首先，部门管理者优化了绩效计划。各部门管理者在与员工充分沟通的基础下，将上一季度、上一年度同期绩效指标进行了纵向和横向对比，结合公司现在情况和目前岗位人员实际情况，根据公司的战略目标优化了绩效计划，并将该绩效计划作为绩效辅导的前提条件。

其次，部门管理者在绩效计划实施过程中进行了有效的监督与指导，HR也有针对性地组织了员工培训。部门管理者与员工定期进行绩效沟通，并对阶段性的绩效结果进行回顾分析。在与员工进行绩效辅导的过程中，部门管理者会分析员工当下的工作情况，明确员工的工作进度，分析员工工作中的问题，同时，针对员工工作中的问题，部门管理者还为员工制定了解决方案，并且将方案细化到每周、每天的工作计划中去。

最后，HR根据提交的绩效辅导书面记录，对各个部门的绩效辅导工作进行了严格的质量监控，修正了绩效辅导过程中的不良行为。同时HR还会定期与部门管理者以及员工进行面谈，征询绩效辅导的改进意见，然后将改进意见形成具体的书面记录，汇总后以优化绩效辅导方案。

在该公司这番努力之下，公司的绩效工作有了明显的改善，员工的工作积极性和工作效率都大大提高了，同时，公司里的工作氛围也更加积极、轻松。在绩效辅导的帮助下，许多员工都按时完成了自己的绩效目标，大大提高了公司的效益。

第7章

绩效辅导优化：
有计划、有目标、有步骤

绩效辅导是指在整个绩效管理的过程中考核者为被考核者能完成绩效目标而做的一切努力。为了达到最好的绩效辅导效果，考核者需要掌握一些绩效辅导的技巧，以优化绩效辅导的流程，最终建立完善的绩效管理体系。

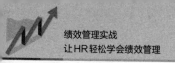
7.1 GROW法则：让绩效辅导更有效果

GROW法则是优化绩效辅导的常用工具，它包括四部分：G（goal，目标）、R（reality，现实）、O（options，选择）、W（will，决心）。GROW法则能帮助员工认识自己的能力，找到完成目标的方法，最终帮助员工更快速度地成长。

7.1.1 >>> 何为GROW法则

GROW法则的第一个环节是建立目标。该目标包括最终目标和阶段目标。最终目标是帮助员工明确公司战略方向以及自身的发展规划，找到工作的意义。阶段目标是为了帮助员工梳理近期的工作，在员工的能力范围内，指导员工更好地完成工作，从而推动最终目标的实现。

GROW法则的第二个环节是帮助员工了解现实状况。待建立了目标后，考核者需要帮助员工对现实进行梳理，明确达成目标的有利条件、阻碍以及努力方向。总而言之，就是帮助员工知晓自己的工作的真实情况，进而有针对性地进行改进。考核者在这一环节要注意梳理工作的方法，不要直接告诉员工该怎么做，而是引导员工自己考虑问题并得出答案。

GROW法则的第三个环节是寻找解决方案。在明确了目标和现实的基础上，考核者需要帮助员工找出问题并制定可能的解决方案。只有方案切实可行，绩效辅导才能有实际效果。在这一环节中，考核者要与员工一起讨论制定解决方案，在这个过程中，考核者要引导员工不断追问可能性，尽可能地丰富方案，从而做出最好的选择。

GROW法则的最后一个环节是帮助员工下定决心，双方达成统一意见。当考核者与员工明确了工作目标，梳理好工作情况，并制定了足够多的解决方案后，考核者需要向员工提出几个问题，如方案的可行性、哪些方案可立即实施、需要什么资源支持等。这个环节可以帮助员工筛选出最优的解决方案，并以此为指导开展后续的工作。

7.1.2 >>> GROW 在绩效辅导中的应用

现实生活中，有的人特别喜欢找其他人帮自己做决定，然后这个决定出了问题，这个人就会理所应当地把责任推到帮他做决定的人头上。在工作中，总能遇到这样的员工，他们只会完成工作却拒绝承担责任。其实大部分提出问题的人在提出问题时心中早已有了备选答案，只是不知道自己该如何抉择，他们之所以会寻求他人的建议，只是想找一个人为其承担责任。而GROW法则解决的就是责任归属问题，考核者通过GROW法则为员工明确工作的目标、内容、责任范围，然后引导员工独立思考，自己做出判断并承担责任，从而帮助员工更快成长。

在绩效辅导的过程中，考核者可以按照GROW法则的四个环节，通过问问题的方式，逐步引发员工的思考。

关于G（goal，目标），考核者可以向员工提出以下几个问题。

① 公司为什么会要求你从事这项工作？

② 你希望达到什么样的工作目标？

③ 你对工作目标是如何规划的？

④ 关于工作目标，你能确定哪些流程？

关于R（reality，现实），考核者可以向员工提出以下几个问题。

① 你对工作目标和公司具体了解多少？

② 关于工作目标，你最关心哪方面情况？

③ 你自己能多大程度控制绩效结果？

④ 实现工作目标的过程中，你认为会遇到什么困难？

⑤ 你拥有哪些资源来实现工作目标？还需要哪些资源？

关于O（options，选择），考核者可以向员工提出以下几个问题。

① 你可以通过哪些方法实现工作目标？哪种方法是最理想的？

② 能否列举出这些方法的具体方案、步骤？

③ 你需要注意的地方是什么？

④ 如果给你更多资源或者赋予你更大权利，你如何改进方案？

⑤ 你是否会尝试与新团队一起完成工作目标？

⑥ 你有什么建议？

关于W（will，决心），考核者可以向员工提出以下几个问题。

① 在实现绩效目标的过程中，你认为自己有什么不足？

② 如何避免来自内外部的不利影响？

③ 你如何来取得帮助？

④ 你希望别人如何来支持你？

⑤ 在实现工作目标的过程中，你需要承担多大责任？

⑥ 你是否会考虑多承担责任？

这些问题并非是让员工就工作目标或工作现状等某一大方面泛泛而谈，而是将问题缩小，从而让员工可以做出较为具体的回答。这相当于考核者帮助员工列出了一个关于其工作内容的大框架，员工只需要按照要求自己填入内容，就可以得出工作的改进方案。

7.2 绩效辅导的渠道

绩效辅导渠道分为正式渠道与非正式渠道两种，正式渠道包括文字报告、例会、一对一面谈等；非正式渠道包括工作之中的沟通和工作之外的沟通两种形式。

7.2.1 >>> 正式渠道与非正式渠道

正式渠道的绩效辅导一般是公司内部有明确规定、属于部门管理者日常工作的一部分，这种绩效辅导需要形成书面记录并提交至人力资源部存档。正式渠道的绩效辅导都会采用比较正式的形式，如文字报告、例会、一对一面谈等。

（1）文字报告

文字报告是最常见的绩效辅导形式。它是指员工通过文字报告的形式向部门管理者汇报已完成工作情况、需要解决的问题、需要的资源支持以及未来的工作计划等。文字报告不要求员工必须与部门管理者面对面沟通，部门管理者可以通过邮件等方式回复员工。文字报告是一种易于安排，不受时间、地点限制的绩效辅导方式，即使部门管理者身处异地，依然可以定期进行。但文字报告因缺乏面对面沟通，很容易使绩效辅导流于表面化、形式化，不利复杂问题的解决。

（2）例会

例会适用于对团队的绩效辅导。部门管理者在例会中需要注意几个问题：第一，部门管理者要避免"一刀切"，应当针对不同团队、不同员工制定不同的例会主题；第二，例会的氛围应当是开放的，部门管理者要鼓励员工发表个人意见，避免会议变成"一言堂""批斗会""吵架会"；第三，例会时间要合理安排、把握好频次，不能影响正常工作；第四，部门管理者应该安排专人做好会议记录，以便日后工作的改进。

（3）一对一面谈

一对一面谈是指部门管理者与员工面对面进行绩效辅导，这种方法非常耗费时间，但效果是最好的。一对一面谈的优点体现在三个方面：第一，有利于部门管理者与员工就工作问题进行深入沟通；第二，谈话的私密性强，员工会更放松，容易与部门管理者拉近距离；第三，部门管理者可以充分了解员工个性，

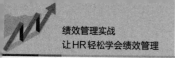
从而有针对性地为其提出改进意见。

非正式渠道的绩效辅导是在日常工作中与员工进行的沟通，这种绩效辅导没有固定时间和地点，也不带有目的性，谈话氛围轻松愉快，目的是帮部门管理者全方位了解员工。非正式渠道的绩效辅导分为工作之中的沟通和工作之外的沟通，工作之中的沟通的形式有工作过程中的提醒、鼓励、赞许、小范围的非正式会议等；工作之外的沟通的形式有日常的聚餐、联谊活动等。非正式渠道的绩效辅导氛围更轻松，形式更灵活，容易让员工与部门管理者建立信任关系，从而帮助部门管理者全面认识员工。

在平时的绩效辅导过程中，部门管理者要有的放矢，将正式渠道与非正式渠道结合起来，针对不同类型的员工，采取不同的辅导策略。

7.2.2 >>> 案例：通过绩效辅导提升员工能力

在员工频繁跳槽的零售业，星巴克的一线经理却"很难挖"，这与星巴克的绩效辅导制度密不可分。零售业的新员工基本都是从最基层做起，不会拿到太高的薪酬，星巴克的新员工也不例外，但星巴克为每一位新员工都设计了职业发展路径，从前台服务员到一线经理、区域经理，每一阶段都安排了有针对性的绩效辅导。

那么，星巴克是如何对员工进行绩效辅导的呢？星巴克要求每一名员工晋升之后，分享自己的工作经验和技能，经过这样的传承，每一位新员工都有专人指导学习制作咖啡、熟悉公司文化、工作流程等，还能规避许多前人犯过的错误。

星巴克非常注重一线经理的储备，每一名一线经理不仅要负责产品研发、用户关系处理，还要负责招聘员工、对员工进行绩效辅导。星巴克的绩效辅导大部分都是通过一线经理来完成的，一线经理就像"教练"，负责指导自己的"队员"，即员工。星巴克的一线经理在对员工进行绩效辅导时，会考虑比较全面，如员工需要什么？员工的目标是什么？如何通过公司文化留下员工？

星巴克不像大多数公司那样，先定下公司的发展战略，然后自上而下进行绩效辅导。星巴克的绩效辅导不喊口号，而是以工作实例为辅导材料，帮助员工学会实用技能，这样不仅能够提高员工的业务能力和职业素养，还能够增加其归属感与认同感。

星巴克中国大学于2012年成立，它是星巴克员工展现自己的平台，只要是在工作上有专长的员工，就有机会成为员工教授。在星巴克大学，员工既是绩效辅导的接受者，又是绩效辅导的实施者，每个人都能把自己的心得分享给其他同事，这很好地将星巴克的绩效辅导体系化。

在星巴克，表面上是一线经理带着高度责任感和热忱去辅导员工，实际上，星巴克的绩效辅导也是公司内部分享的过程，员工愿意去分享，一线经理也能和员工一起提高。所以，星巴克绩效辅导不仅注重提高业务能力，还注重实现精神上的共鸣。一线经理对员工的绩效辅导成功了，员工会去再分享，如此便形成了一个良性循环，继而形成了星巴克的品牌优势。

7.3 如何优化绩效辅导的效果

除了掌握绩效辅导的法则和渠道，部门管理者还需要掌握一些能够提升绩效辅导效果的方法，如合理控制时间、创造更好的绩效辅导的环境等。

7.3.1 >>> 创造一个和谐友爱的环境

部门管理者营造一个和谐友爱的沟通氛围对于做好绩效辅导有积极的影响。首先，部门管理者要掌握好绩效辅导的时间，辅导的时间要适宜，过长会使双方疲劳，过短则不能保证双方交流透彻。一般来说，普通员工的绩效辅导时间以30 ~ 45分钟为最佳，中层管理者的绩效辅导时间以60 ~ 120分钟为最佳。

其次，部门管理者不要摆出一副高高在上的姿态，要多些微笑，拉近与员工的距离。在沟通过程中，部门管理者要表示出对员工的尊重，鼓励员工畅所欲言，让员工将自己当做绩效伙伴，而不是高高在上的领导。这样才能切实发现员工的绩效问题并且提出实用的改进方案。

再次，在实际辅导过程中常会出现部门管理者滔滔不绝，员工一直倾听的情况。这其实是颠倒了员工和管理者的角色，十分不利于双方的有效沟通，因为部门管理者无法保证员工倾听的效果和内化的程度。在绩效辅导过程中，部门管理者应该是倾听者，员工应该是讲述者，在听到关键问题时，部门管理者应该适当点头或者与员工进行目光接触，以表明自己正在认真倾听员工的讲述内容，从而鼓励员工继续表达。

最后，在绩效辅导的过程中，部门管理者应尽量避免做各种小动作，如一边听员工表达一边看电脑、随意打断员工讲话等。这些行为不仅不礼貌，还会引起员工的紧张情绪，会使交流的效果大打折扣。

7.3.2 >>> 传授技能与激励行动

传授技能是绩效辅导一个很重要的环节，有些部门管理者自己工作非常出色，却不知道如何教导别人，如何把工作技能传授给员工。部门管理者可以参考以下几种方法。

（1）告知

部门管理者可以先将工作的内容、流程、步骤、方法完全告知员工，再让其去工作，从而降低其出现失误的概率。

（2）示范

如果工作不是三言两语就能解释清楚的，部门管理者可以亲自为员工示范一遍，并要求员工按照自己的操作方法模拟一遍，再对员工操作失误的部分进行纠正，以使员工形成深刻印象。

（3）纠正

针对员工工作中出现的问题，部门管理者要进行指导和纠正，必要时可以进行分步讲解，并要求员工反复模拟练习，直到达到要求为止。在这个过程中，部门管理者仍需要不断对其进行指导和纠正。

（4）创新

部门管理者不仅要传授员工工作技巧，还要和员工探讨在现有基础初上改进工作的方法。部门管理者的工作方法经过多年沉淀，不会有大问题，但也很难使工作效果有太大改变。对此，部门管理者应该询问员工的意见，与其一起寻找提升工作效果的方法。

除了传授技能，绩效辅导还有一个很重要的目的就是激励员工。人的行为受大脑复杂活动的影响，很难因为一句简单的指令就发生变化，因此，部门管理者激励员工是需要技巧的。

（1）传达期望

部门管理者要明确表达出自己对员工的期望，要确保员工能理解这个期望的具体表现、为他带来的好处以及未完成期望的后果等。这相当于给了员工一个明确且具体的努力目标，让员工意识到自己是受公司重视的，比泛泛的夸奖更有意义。

（2）持续评价

部门管理者对员工工作的评价不能是主观的判断，而是要以事实为依据。部门管理者要具体评价员工的工作过程，将每一个项目的完成情况、出现问题、改进方法等都为员工点明，以此让员工明确自己优势和缺点。

第 **8** 章

绩效考核：
评定员工的工作结果

绩效考核是公司绩效管理的核心环节，是评价员工工作的重要手段。实施绩效考核的主体是各部门管理者，HR负责提供资源支持和指导，并推动流程的进行，这是绩效考核中极易忽略的一个概念。部门管理者需要对照工作目标和绩效标准，采用科学的考核方式评定员工的任务完成情况、职责履行程度和员工发展情况，并将评定结果反馈给员工。

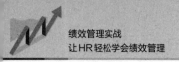
8.1 内容：绩效考核要"考"什么

绩效考核的目标是提高公司管理水平、增强综合实力以及提升员工个人能力。为了更好地完成这个目标，部门管理者要从业绩、计划完成情况、能力态度、部门满意度四个方面进行考核，这四个方面是绩效考核的主要内容。

8.1.1 >>> 业绩：软硬指标相结合

一般意义上的"绩效"都是指"业绩"，也就是已经实现的工作成果。人们常把与业绩有关的、定量的指标称为硬指标，如利润、成本、产量等，如表8-1所示；而那些与业绩无直接关系、定性的指标被称为"软指标"，如工作经验、沟通能力、团队意识、工作态度等，如表8-2所示。

表 8-1　HR 的绩效考核硬指标

考核项目	序号	指标名称	分值	评分标准	数据来源	实际绩效	得分
硬指标	1	招聘信息发布及时率	15分	要求：人力资源部的招聘计划在第二个工作日前（休息日除外）发布到相应的招聘网站，并及时更新	人力资源部		
				及时率 ≥ 95%：15 分			
				90% ≤ 及时率 < 95%：13 分			
				85% ≤ 及时率 < 90%：10 分			
				及时率 < 85%：0 分			

续表

考核项目	序号	指标名称	分值	评分标准	数据来源	实际绩效	得分
硬指标（工作业绩）	2	招聘计划达成率	20分	要求：每月5日前制订当月的招聘计划，包括计划参加哪些招聘会、在哪些网站上发布招聘信息、多长时间更新一次等相关工作的完成率	人力资源部		
				达成率≥98%：20分			
				95%≤达成率<98%：16分			
				92%≤达成率<95%：12分			
				达成率<92%：0分			
	3	用工申请受理时效	15分	要求：上级批准用工申请后，应及时安排落实	人力资源部		
				按时完成：15分			
				超过1天以内：13分			
				超过2天及以上：10分			

表8-2　人力资源专员的绩效考核软指标

考核项目	序号	指标名称	分值（总分40分）	评分标准	数据来源	自评分	上级考评得分
软指标（工作能力）	1	信息收集及时率	10分	收到应聘信息后1个工作日内查阅，整理完毕后下发给各相关部门；未及时下发的信息由各部门反馈或经人力资源部主管核实并作汇总	人力资源部		
				及时率≥95%：10分			
				90%≤及时率<95%：8分			
				85%≤及时率<90%：6分			
				及时率<85%：0分			

续表

考核项目		序号	指标名称	分值（总分40分）	评分标准	数据来源	自评分	上级考评得分
软指标	工作能力	2	流程控制时效	10分	不超过每个模块审批的截止时间	人力资源部		
					按时完成：10分			
					超过1天以内：8分			
					超过2天以内：6分			
					超过3天及以上：0分			
	工作态度	1	敬业精神／执行力	5分	主动承担工作任务以及有效执行上级指令，5分	人力资源部		
					愿意承担工作任务，执行上级指令时偶尔需要催促，4分			
					不愿意承担工作，需要上级强行指派，2分			
					经常无正当理由拒绝：0分			
		2	团队沟通／协作性	5分	非常善于与部门内各成员及管理层进行良好沟通合作：5分	人力资源部		
					基本能按工作需要及时、有效地进行部门内部、部门间的沟通合作：4分			
					未能按工作需要及时、有效地进行部门内部、部门间的沟通合作：2分			
					不能独立进行部门内部、部门间的沟通合作：0分			
		3	合理化建议	10分	以提出改善本部门工作及管理的建议为主	人力资源部／副总		
					每月提交合理化建议5条及以上：10分			
					每月提交合理化建议3～4条：8分			
					每月提交合理化建议1～2条：6分			
					每月未提交合理化建议：0分			

硬指标展现的是公司财务层面的成果，反映了公司近期的发展状况；软指标展现的是公司员工的整体素质、发展前景等隐性成果，反映了公司未来的发展状况。

在实施绩效考核的过程中，硬性指标实现得好，公司未必发展得好。一方面，如果公司只注重硬指标考核，弱化软指标，那么公司的总体管理情况、精神面貌、稳定性等就无法完整地呈现出来，甚至会因为追求短期利益而忽视了长远发展。另一方面，繁重的硬指标考核会使员工在工作过程中变得机械化，仅为了绩效指标去工作，无法达到应有的激励效果。

现代公司不仅要追求高速发展，更要追求优质发展、良性发展与可持续发展。因此，员工的绩效考核要同时兼顾硬指标与软指标，力求呈现出公司员工的整体面貌，为公司未来的发展提供有效参考。

8.1.2 >>> 计划完成情况：衡量工作表现

计划完成情况是绩效考核的一项重要硬指标，它能够反映一个部门的总体绩效水平，以及每一名员工的业务能力和平时在工作中的表现。计划完成情况考核是决定员工晋升、清退或调岗的重要依据，同时也是公司对员工进行针对性绩效辅导、激励和培训的重要依据。根据工作内容的不同，各部门以及各岗位员工的计划完成情况考核内容也有所不同，如表8-3 ~ 表8-6所示。

表 8-3　各部门计划完成情况考核

部门	绩效考核目标	目标值	月 份											
			1	2	3	4	5	6	7	8	9	10	11	12
采购部门	交付准时率	100%												
	顾客满意度	≥ 90%												
	服务反馈处理	≤ 24h												
	收货出错率	< 1%												
	采购产品准时到货率	100%												
	采购产品验证合格率	≥ 96%												

续表

部门	绩效考核目标	目标值	月 份											
			1	2	3	4	5	6	7	8	9	10	11	12
生产部门	生产计划完成率	100%												
	主要原材料利用率	≥ 90%												
	成品交验合格率	≥ 96%												
	生产设备完好率	≥ 98%												
	设备保养计划完成率	100%												
质检部门	产品出厂合格率	100%												
	产品错检率、漏检率	< 1 次												
	纠正、预防措施完成率	100%												
	监视、检测装置完好率	≥ 98%												

表 8-4　人力资源专员计划完成情况考核

绩效考核目标	月份	本月计划培训次数	实际培训次数	计划培训实施率	培训人数
员工培训计划完成率					
员工培训考核合格率	月份	本月培训人数	考核合格人数	员工培训考核合格率	备注
文件发放有效率	月份	本月发放文件（份／人）	有效发放（份／人）	文件发放有效率	备注
文件审核合格率	月份	本月审核文件份数	审核合格份数	文件审核合格率	
公司纪律检查合格率	月份	本月出勤员工总数	违纪、违规人数（人／次）	公司纪律检查合格率	
绩效考核目标完成情况综合分析					
编制／日期			审批／日期		

表 8-5　客服专员计划完成情况考核

绩效考核目标	月份	本月按订单交付批次	准时交付批次	交付准时率	备注
订单交付准时率					
	月份	本月调查客户数	客户反馈／投诉次数	客户满意度	备注
客户满意度					
	月份	本月客户反馈次数	反馈处理时间	客户反馈处理次数	备注
服务反馈处理					
编制／日期			审批／日期		

表 8-6　研发专员计划完成情况考核

绩效考核目标	月份	本月新产品研发计划数	新产品研发实际完成数	新产品研发计划完成率	备注
新产品研发计划完成率					
	月份	本月项目报备批准数	一次成功数	项目报备一次成功率	备注
项目报备一次成功率					
	月份	本月编制、评审工艺、技术文件数	工艺、技术文件合格数	工艺、技术文件合格率	备注
工艺、技术文件合格率					
绩效目标完成情况综合分析					
填报／日期			审批／日期		

8.1.3 >>> 工作能力与工作态度

工作能力与工作态度是绩效考核软指标中的两项重要内容。工作能力包括应变能力、业务能力等指标，工作态度包括团队意识、责任感等指标，如表8-7所示。工作能力与工作态度一样重要，在绩效考核过程中，公司要根据员工的工作态度与工作能力，针对性地安排工作任务和工作岗位。具体做法如下。

① 工作态度和工作能力都不佳的员工要予以清退。

② 工作态度好、工作能力差的员工可以安排一些简单的工作任务，但不能安排有较高技术含量的工作。

③ 工作态度差、工作能力强的员工适合做一些技术含量高的研究类工作，但不适合安排需要团队合作的工作任务。

④ 工作态度与工作能力俱佳的员工可以作为公司骨干培养，接受公司的核心业务。

表8-7 工作态度与工作能力的评价指标

工作能力	应变能力	主动学习各类知识，积极参加公司和部门组织的培训，拓宽知识面，提高应变能力
	业务能力	对本职工作所需的专业知识和业务技能熟练掌握，并能够在工作中灵活运用
	发展潜力	工作意愿强，有职业道德，言谈举止符合职业特点
	细致性	工作认真、细致，考虑问题全面，失误率低
工作态度	团队意识	与其他部门、其他同事配合顺畅、和谐，沟通意识强，团队合作性高
	责任感	服务意识强，有职业道德，言谈举止符合职业特点
	忠诚度	严守公司的商业机密、核心技术等重要信息，不传播负能量

8.1.4 >>> 部门满意度：发现问题和不足

部门满意度考核是公司对各个部门整体的考核。公司通过这一项考核，可以发现各部门存在的问题和不足之处，从而有针对性地加以完善，以提高部门整体的工作质量和管理能力，最终提升公司总体绩效，实现长远发展。部门满意度考核包括部门的服务态度、工作能力等指标，如表8-8所示。

表8-8 部门满意度考核指标

部门度满意度绩效考核表					
被考核部门：				评价日期：	
月度评价			季度评价	年度评价	
考核维度	考核指标	考核重点	考核标准	分值/分	评分
服务态度	配合度	1. 工作热情是否饱满 2. 能否主动配合其他部门完成各项工作	部门员工能够站在部门的宏观角度思考问题，善于发现部门需求，听取其他部门反馈，部门员工参加相关部门协调会的出席率达90%及以上	10	
			部门员工有工作热情，能够主动考虑协调部门之间的问题，并主动提出解决办法。部门员工参加相关部门协调会的出席率高于80%，低于90%	8	
			部门员工有一定的工作主动性和工作热情，总体服务意识较好，对其他部门的需求响应偶有不及时，但能够协助其他部门较快解决问题。部门员工参加相关部门协调会的出席率高于70%，不高于80%	6	
			部门员工有一定的工作主动性，整体服务意识一般，对其他部门的需求响应不够及时，解决问题常有拖延现象，需要上级或其他部门的督促。部门员工参加相关部门协调会的出席率高于60%，不高于70%	4	
			部门员工工作不主动、缺乏热情，对其他部门的需求响应速度慢，解决问题效果差，需要上级或者其他部门不断督促。部门员工参加相关部门协调会的出席率不高于60%	2	

续表

月度评价			季度评价	年度评价	
考核维度	考核指标	考核重点	考核标准	分值/分	评分
服务态度	责任感	1. 能否恪尽职守 2. 能否对部门工作职责自始至终表现出负责的态度	部门员工有很强的责任感，充分意识到本部门工作的重要性，切实履行本部门职责。考核期内其他部门对该部门的投诉不高于2次	15	
			部门员工能够认识到自己的职责，能够负责完成本职工作。考核期内其他部门对该部门的投诉介于3～5次	12	
			部门员工稍欠缺责任感，但尚能承担分内的职责。考核期内其他部门对该部门的投诉介于6～8次	9	
			部门员工缺乏责任感，时有逃避、推诿责任的情况发生。考核期内其他部门对该部门的投诉介于9～10次	6	
			部门员工严重缺乏责任感，经常逃避、推诿责任。考核期内其他部门对该部门的投诉达11次及以上	3	
工作能力	专业性	1. 是否在专业技术领域对其他部门提供了足够的支持 2. 处理问题时是否缜密、严谨，并遵守相关的制度、规范要求	部门员工专业领域技术拔尖，能够全面把控部门专业技术细节，不断总结和创新工作模式和方法，持续提升专业能力，能够对经手事项和上下游衔接部门提出建设性意见。考核期内发生业务差错不高于2次	15	
			部门员工专业领域技术优秀，能够较为全面地把控部门专业技术，有提升专业能力的意愿，能够对上下游衔接部门提出合理意见。考核期内有3～5次的业务差错	12	
			部门员工专业领域技术较好，能够较为合理地处理本部门涉及的专业技术问题。考核期内有6～8次的业务差错	9	
			部门员工专业领域技术一般，基本能够处理本部门涉及的专业技术问题。考核期内有9～10次的业务差错	6	
			部门员工专业领域技术较差，难以合理处理本部门涉及的专业技术问题，考核期内有11次以上的业务差错发生，上下游部门投诉较多	3	

续表

月度评价			季度评价	年度评价	
考核维度	考核指标	考核重点	考核标准	分值/分	评分
工作能力	沟通协调	1. 工作沟通是否及时、有效 2. 是否能够化解跨部门工作中的误解，促成项目推进	部门员工能够以宏观视角思考问题，积极发现其他部门需求，听取反馈，善于化解部门沟通中的误解，统筹各方意见达成共识。考核期内关于沟通不畅的投诉不高于2次	10	
			部门员工有换位思考的理念，能够听取其他部门反馈，面对冲突不逃避，积极主动消除工作中的矛盾，与各部门保持良好合作关系。考核期内关于沟通不畅的投诉在3~4次	8	
			部门员工能够吸取其他部门的建议，能够主动积极配合跨部门工作，能够抓住工作重点，事项配合度较高。考核期内关于沟通不畅的投诉在5~6次	6	
			部门员工基本能够吸取其他部门的建议，能够正常完成跨部门工作。考核期内关于沟通不畅的投诉在7~8次	4	
			部门员工不善于进行跨部门沟通，经常与衔接部门产生工作冲突。考核期内关于沟通不畅的投诉不少于9次	2	
	部门管理	部门分工是否明确，责任是否明晰	部门内部分工明确，责任明晰，协作到位，无推诿现象，其他部门提出需求时，始终有明确对接人，回复及时、明确	10	
			部门内部分工基本明确，责任明晰，推诿现象较少，其他部门提出需求时，发生过1~2次无明确对接人的现象	8	
			部门内部分工基本明确，偶尔发生推诿现象，其他部门提出需求时，发生过3~4次无明确对接人的现象	6	
			部门内部权责有较多重叠之处，推诿现象时有发生，其他部门提出需求时，发生过4~5次无明确对接人的现象	4	
			部门内部权责混乱，责任不明，其他部门提出需求时，发生过的搪塞敷衍现象不少于6次	2	

续表

月度评价			季度评价	年度评价	
考核维度	考核指标	考核重点	考核标准	分值/分	评分
工作成效	计划管理	1.能否制订工作计划 2.工作计划能否有效地促进工作完成	部门员工善于制订工作计划，并通过计划提高效率，实现最佳工作结果。考核期内该部门提交计划及时率不低于95%	20	
			部门员工能够制订工作计划，并有效地完成工作任务。考核期内该部门提交计划及时率不低于85%，低于95%	16	
			部门员工尚能制订工作计划，把握工作重点，基本能够完成工作任务。考核期内该部门提交计划及时率高于75%，低于85%	12	
			部门员工很少制订工作计划。考核期内该部门提交计划及时率高于不低于65%，低于75%	8	
			部门员工工作无计划。考核期内该部门提交计划及时率低于65%	4	
	工作效率	能否严格根据一级、二级节点计划要求在保证质量的前提下按期完成部门工作	部门员工能够在保质、保量的前提下超额完成各项工作目标，涉及项目一级、二级节点计划的工作事项达标率不低于90%，完成的质量高、效果好	20	
			部门员工能够以高标准完成各项工作目标，涉及项目一级、二级节点计划的工作事项达标率不低于80%，低于90%，完成的质量、效果能够达到预期要求	16	
			部门员工能较好完成各项工作目标，涉及项目一级、二级节点计划的工作事项达标率不低于70%，低于80%，完成的质量、效果基本能够达到预期要求	12	
			部门员工基本能够完成各项工作目标，涉及项目一级、二级节点计划的工作事项达标率不低于60%，低于70%，完成的质量、效果与要求有一定差距	8	
			部门员工难以完成各项工作目标，涉及项目一级、二级节点计划的工作事项达标率低于60%，完成的质量、效果与要求差距很大	4	

8.2 流程：绩效考核怎么"考"

绩效考核要遵循科学的方法进行考核，部门管理者需要提前规划考核时间、考核主题并在考核结束时详细记录考核结果，以求达到最优的考核效果。

8.2.1 >>> 确定绩效考核的周期

绩效考核并不是随心所欲进行的，而是要遵循一定的考核周期。部门管理者需要根据不同的考核周期设计不同的考核内容，最常见的划分标准是按时间划分，分为日常考核、季度考核和年度考核。其中日常考核是公司对员工的日常工作情况进行的考核，包括考勤、工作制度遵守等；季度考核是公司对员工一季度的工作情况进行的考核，包括计划完成情况、团队管理情况等；年度考核是公司对员工一年的工作情况进行的考核，包括年终业绩、客户满意度等。如表8-9～表8-11所示。

表8-9 日常考核内容

部门		姓名		职位		考评周期		
序号	考核项目	项目具体内容				分值权重	自评得分	考核得分
1	工作制度遵守	按时向本部门管理者提交日/周工作计划				20		
		遵守请示报告制度，定期向本部门管理者报告工作计划及工作进展情况				20		
		遵守请示报告制度，外出办公时提前向本部门管理者请示并填写《外出登记表》，每次未填写减1分				10		
		严格控制借款金额，及时与财务交票及清账				15		

续表

序号	考核项目	项目具体内容	分值权重	自评得分	考核得分
2	考勤	迟到或早退，每次减1分；当月迟到10次及以上，本项不得分	15		
		考勤异常时，应及时填写《考勤异常登记表》	10		
		请假须提前向本部门管理者请示并填写请假单，并提交人力资源部备案	10		
合计			100		
绩效指标设定	被考核者		考核结果确认	被考核者	考核结果提交时间
	考核者			考核者	

表8-10 季度考核内容

姓名		部门		职位		考核日期	
考核项目		项目具体内容				自评	管理者评分
工作完成65分	计划与执行15分	（1）能够科学制订工作计划，并充分执行，实现预期目标（10～15） （2）能够制订工作计划，得到部分执行，实现一部分预期目标（1～9） （3）难以制订工作计划，未得到执行，未实现预期目标（0）					
	支持与配合10分	（1）支持公司工作，与其他部门或客户有很好配合（6～10） （2）对公司和客户的相关工作，难以支持或支持不力（1～5） （3）不支持、不配合公司或客户的相关工作（0）					
	工作效率15分	（1）在规定时间内，优质、高效地完成工作（15） （2）能够完成工作，但是效率不高（1～14） （3）不能够按照要求完成工作（0）					
	团队管理15分	（1）团队内部有效沟通、上下团结、积极工作(10～15) （2）团队内部缺乏沟通、松散、懈怠（1～9） （3）团队内部钩心斗角、拉帮结派（0）					
	团队学习10分	（1）每月组织部门员工进行专题学习的次数不少于2次（5～10） （2）很少或是不组织部门员工进行专题学习（0～4）					

续表

考核项目		项目具体内容	自评	管理者评分
制度执行20分	规章制度遵守10分	（1）遵守并执行公司各项规章制度（1～10） （2）不遵守公司规章制度（0）		
	仪容仪表5分	（1）根据公司要求着装（1～5） （2）未能按照公司要求着装，有损公司形象（0）		
	出勤率5分	（1）月度出勤率为100%（5） （2）月度病事假≤2天，无迟到及旷工（4） （3）月度病事假<5天，季度迟到≤3次，无旷工（3） （4）月度病事假≥5天，或季度迟到>3次，或有旷工（0～2）		
工作态度15分	专业能力5分	（1）全面掌握相应的专业知识，能够为客户解决专业性问题（4～5） （2）掌握一定的专业知识，能够为客户解决常用问题（1～3） （3）专业知识较少，无法帮助到客户（0）		
	责任感5分	（1）勇于承担责任、尽心尽职，能够为公司和客户着想（1～5） （2）推卸责任、公私不分、假公济私（0）		
	主动性5分	（1）工作热情高，经常对项目或公司管理提出意见和建议（3～5） （2）工作消极被动，缺乏热情，需要上级不断督促（0～2）		
合计				
级别	通过以上各项的评分，该员工的综合得分是：_____分 该员工应处于的等级是：（　）A　　（　）B　　（　）C　　（　）D A：≥90分；　B：89.9分≥综合得分≥75分；　C：74.9分≥综合得分≥60分　D：≤59.9分			
总监评价				

评分标准说明：

一、评分权重：自评（自己为自己评分）评分占30%，经理或总监评分占70%（比如，自评总分为89分，经理或总监评分为86分，则该人员的综合得分＝89×30%+86×70%＝86.9分，最后得分保留一位小数）

二、综合得分上额外减分情况：当月发生客户投诉每次减5分，客户投诉达3次以上给予工资级别连降两级或直接辞退

表 8-11　年度考核内容

员工姓名		直接上级姓名	
工号		职位	
职位 / 岗位		填表日期	
部门 / 处			

第一部分：年度总体行为表现

考核项	具体行为标准	自我评述
客户满意度	考核内外客户满意度；职能部门主要考核内部客户满意度。请参照《公司员工行为表现参考标准》进行评述	
执行力	考核对应的流程、制度的合理性和执行力情况，包括 ISO；鼓励对流程改进以提高工作效率和质量的行为。请参照《公司员工行为表现参考标准》进行评述。	
学习成长	考核自我成长和团队建设，主要考虑技能成长；管理者还应包括对下属员工的考核、培训情况。请参照《公司员工行为表现参考标准》进行评述。	
责任感	考核员工的责任感，主要依据各部门和岗位的具体行为进行考核。请参照《公司员工行为表现参考标准》进行评述。	
团队合作	重点考核管理者、员工团队精神，主要依据各部门和岗位的具体行为进行考核。请参照《公司员工行为表现参考标准》进行评述。	

本年度自我评分：5 分优秀　　4 分良好　　3 分称职　2 分基本称职　　1 分不称职
　　　　　　　　△　　　　　　△　　　　　　△　　　　　　△　　　　　△

第二部分：下一年度的主要工作目标

请简要描述下一年度主要工作目标、时间规划、预期达到的效果、所需的资源支持等情况。

第三部分：年度考核结果与绩效评价

第一季度得分（　）　第二季度得分（　）　第三季度得分（　）　第四季度得分（　）
本年度绩效考核总分 = 自我评分（　　　　）+ 四个季度考核平均得分（　　　）× 95% =（　　　）

说明：由于公司在今年下半年推出新考核方案，与原有考核方案在考核内容、评分标准等方面发生很大变化，各季度考核分数难以平衡，因此本年度上栏公式暂不启用，在下一年度将正式实施。四个季度得分仅作为直接上级综合评分的参考。各季度的具体分数可以填写，也可以不填写

本年度直接上级综合评分：（　　　　）
说明：本栏评分由直接上级根据被考核员工本年度的全年绩效和综合表现情况进行评分，仅在本年度使用

本年度绩效考核总分 = 自我评分（　　　　）+ 直接上级综合评分（　　　　）× 95% =（　　　）

续表

第三部分：年度考核结果与绩效评价
绩效趋势： 　　退步　　　　　　稳定　　　　　　进步 　　Δ　　　　　　　　Δ　　　　　　　　Δ
简要评述被考核员工本年度的主要贡献与工作方面的不足：
关于被考核员工的工作改进和职业发展的意见与建议（请从理论学习和技能学习两方面描述）：
用于工作改进和职业发展的年度计划： 　　　方式　　　　　　　学习内容　　　　　　　比例 个人自学（书籍和工作） 部门学习和辅导 公司提供的培训机会
对被考核员工工作潜力的见解：
被考核员工对近期或长期的事业目标自我评述：
被考核员工签名：　　　　　　　　　　日期：
管理者签名：　　　　　　　　　　　　日期：

8.2.2 ⋙ 选择绩效考核的主体

实施绩效考核的主体是参评人员，因此，参评人员必须全面了解被考核员工的岗位职责、工作目标以及具体的绩效考核指标。参评人员还要熟悉被考核员工的日常工作表现，务求公平公正，做出正确合理的评价。参评人员包括部门管理者、被考核员工本人、同事和下属。

部门管理者作为被考核员工的直接领导，对被考核员工各方面的工作情况都有较为详细的了解，最容易做出中肯的评价。绩效考核结果往往与被考核员工升职、加薪、奖惩等直接利益相关，稍有出入，可能会引起被考核员工的不满。部门管理者与被考核员工接触时间最久，清楚知道被考核员工的工作情况，与

之沟通时也会更加顺利。

自我考核是被考核员工对自己的评价。这一部分最为轻松，不会让被考核员工产生压力，还能加强其对绩效考核的参与意识。同时，自我考核可以让员工更加了解自己，增强其自我认知能力。自我考核的缺点是考核结果可能会高于被考核员工的真实绩效成绩，所以，自我考核只能作为员工改善绩效的辅助方式，涉及加薪、升职等情况时，则不建议列入考评标准。

同事考核是被考核员工的同事对其进行评价。同事是与被考核员工朝夕相处的人，他们与被考核员工接触时间最长，交集最多，所以更加了解被考核员工的工作细节。但也因为非常熟悉与了解，同事在考核时容易掺杂过多的情感因素，从而使考核结果失去真实性和客观性。

下属考核是被考核员工的下属对其进行评价。下属的评价通常能反映出被考核员工的管理能力，同时也实现了绩效考核过程中的权力平衡，使考核结果更具公平性。但下属很可能不敢对自己的领导做出负面评价，因此，为了考核结果的客观公正，公司可以将这一部分考核改为匿名评价。

8.2.3 》》 绩效考核结果的应用

绩效结果应用是指将绩效结果应用于具体的管理过程中。绩效结果与员工的切身利益相关，如果应用得好，可以对员工起到很好的激励效果，如果应用得不好，则会使公司的绩效考核形同虚设。绩效考核结果的应用应由HR推动，HR在对各部门的考核结果做出分析评价后，就要依据公司的规定，对员工进行奖惩。

绩效结果与员工的切身利益密切相关，每个人都在关心自己的绩效得分，因为这意味着自己是否会被辞退以及能拿到多少奖金。几乎每家公司都会将绩效结果与薪酬挂钩，但大多数公司却都是"不敢激励，更不敢负激励"。这种"无声无息"处理绩效结果的方式最终会导致：优秀员工另谋出路，公司上下缺少资深员工。

假设，某公司的绩效工资浮动范围只有200元，也就是说绩效考核成绩最好的员工与绩效考核成绩最差的员工工资只相差200元，而大多数员工基本都是没有任何奖惩的。这样应用绩效结果显然不会起到任何激励效果，基本上属于走形式。真正的绩效结果应用应该奖得让人高兴，罚得让人心疼，这样才能起到明显的激励作用。

绩效结果的应用分为物质激励与精神激励，物质激励包括绩效工资、年度奖金、员工福利股权激励等；精神激励包括职位晋升、员工发展计划、员工荣誉等。另外，有奖就要有惩，对于那些绩效成绩不理想的员工，公司要予以扣发奖金、通报批评、清退等处罚，这样才能让绩效结果发挥其应有的作用。

（1）物质激励

首先，基于薪酬结构的奖金兑现。这是一种最常见的物质激励，简单来讲就是绩效成绩越好，工资越高。例如，华为在奖金分配上从不吝啬，一直秉持着"干得好，多拿钱"的理念。

其次，股权激励创造公司与员工的利益共同体。一些位于起步阶段拿不出高工资的公司可以采取股权激励的方式将员工变为"自己人"，这种方式有利于帮公司留住核心人才，还能缓解公司流动资金的压力。

最后，提升福利营造归属感。员工福利分为法定福利和非法定福利。法定福利是国家强制规定的员工福利，如社会保险、法定节假日、加班补贴等。非法定福利是公司内部根据自身情况设置的员工福利，如商业补充保险、节假日礼品、生日礼物、内部娱乐设施等。这些福利有利于企业进行人性化管理，提升员工的归属感和黏性。

（2）精神激励

第一，顺畅的晋升通道更利于员工实现自我价值。除了工资报酬，员工最关心的就是个人发展前景。绩效结果应该是人才盘点的依据，对于绩效得分高的员工，公司应该提供技能或领导力培训，在其中培养后备干部；对绩效成绩低的员工，公司则应限期进行绩效提升，将未能达标的员工劝退或者调岗。

第二，荣誉奖励更利于激发员工积极性。荣誉奖励是公司最容易忽视的激励方法，很多管理者都认为其不够"实际"，所以激励效果平平。但事实并非如此，如果公司能在内部形成一个重视荣誉的氛围，那么一张奖状也可以提升员工的积极性。例如，将优秀员工塑造成"企业之星"，每年在公司的年终会议上为其颁发荣誉证书，久而久之，"企业之星"就会成衡量工作成就的一种体现，员工都会以得到它为荣。

（3）处罚机制

为了保证最好的激励效果，公司必须设置严格的处罚机制。例如，公司应该把绩效成绩不理想的员工与绩效成绩优秀的员工工资拉开差距，让员工从物质上对提高绩效成绩产生动力。另外，公司还可以实行末位淘汰制，对绩效成绩排名靠后的员工，予以调岗或清退。

8.2.4 >>> 案例：零售公司的绩效考核

在移动互联网时代，行业竞争日趋激烈。因此，公司想要在激烈的市场竞争中实现细水长流的发展，就必须有一套科学、完善的绩效管理体系，而绩效考核是整个公司绩效管理体系中最重要的一部分。

B公司是一家家具零售公司，有二十余年的历史，经营项目包括家具制作、家具零售、家具展销等，共有员工3000多人，是家具零售业的领军者。B公司在发展的过程中也遇到过一些问题：由于缺乏绩效管理系统，没有针对性的绩效考核方法，员工日常的工作积极性不高，很多基层员工工作作风散漫，严重影响了公司的进一步发展。

经过缜密的调研工作，结合实际情况，B公司制定了科学、有效的绩效管理方案，将绩效指标与行为规范相结合，对员工进行科学、全面的绩效考核。B公司将考核指标分为定性考核指标和定量考核指标，其中定量考核指标如下。

① 总收入按年、季、月来衡量。

② 利润目标根据公司的实际情况来确定，一般低端产品利润占总收入的15%，中高端产品占20%。

③ 经营、管理投入费用视公司实际情况而定。

④ 缴税占公司总收入的8%。

定量考核能够明确告诉员工该做什么，要做到什么程度。这种方法的优点是绩效目标显而易见，缺点是考核过于机械化、格式化，考核结果可能不能反映出员工的真实水平。

另外，不同职位之间可能存在职责真空地带，这种真空地带无法量化，导致两个职位的员工都不想为它负责。这时，公司就需引入激励机制，促进不同职位员工的合作，弥补职责的真空地带。既有分工，又有合作，定量考核才能真正落到实处。

B公司的定性考核指标包括如下内容。

① 产品研发要勇于创新、善于引导消费、树立品牌形象。

② 员工培训要全面提升员工的业务能力、职业素养、服务专业度等。

③ 公司要始终重视市场的动向、老客户的维护以及新客户的开发。

④ 每名新员工入职后，公司都要从工作能力、工作效率、工作态度等方面对其进行评估。

⑤ 公司要落实服务理念，实现专业化、人性化、个性化的服务。

⑥ 生产设备要定期维护。除大件设备外，小型设备和零部件也要定期保养。

⑦ 公司的一切动产和不动产都要做好保护和增值。

相比于定量考核把数据作为判断标准，定性考核更依赖部门管理者的感性认识。部门管理者根据自己的经验、感觉等，分析员工的实际表现。定性考核虽然不如定量考核科学和精细，但适合在数据资料不足时使用。因此，公司的绩效考核制度一定要将定量考核与定性考核相结合，才能反映出公司的不同状况。

定量考核与定性考核并没有绝对界限。在实际应用中，进行定量考核之前需要先进行定性预测，而在定性考核时往往也需要对数据做一定的计算。定性与定量两者相互依存，定量是定性的具体化，定性是定量的理论基础，二者有机结合才能取得最理想的考核效果。

B公司对员工进行绩效考核时，以月度考核为基本单元，如表8-12所示。员工每周的工作内容以及工作表现是月度考核的主要参考，而员工当月的绩效考核总分就是计算薪酬的依据。

表8-12　员工月度工作记录卡

姓名：		部门：	工号：
出勤情况		旷工（　） 迟到（　） 早退（　） 病假（　） 事假（　）倒休（　）	
工作表现	本职工作完成情况		
	临时交办工作完成情况		
	工作标准完成情况		
	工作态度		
	工作效率		
	团队意识		
	应变能力		
	创新能力		
	公司规章制度的遵守		
填表人：	被考核员工签字：		日期：＿＿年＿＿月＿＿日

由此可见，员工的绩效考核要根据其具体岗位，科学搭配定量考核与定性考核。对于销售部、市场部等业务部门而言，其工作结果多是以数据的形式呈现的，所以，对这些部门的员工应侧重采用定量考核的方式，直观地展现出他们的工作成果。对于行政部、品控部等职能部门而言，他们的工作内容比较繁杂，不好用数据的形式呈现，因此，对这些部门的员工应侧重采用定性考核，主要考察他们的工作过程。

B公司绩效考核的最后一步是绩效反馈。在这一步，员工与部门管理者就绩效考核的结果进行面谈，部门管理者需要收集员工对绩效考核的建议并向上反映，除此之外，还要协助员工制订绩效改进计划，提升工作质量。

实行绩效考核制度后，B公司的员工明确了自己的工作目标与职责，并且制订了详细的工作改进计划，工作质量得到了大幅提升，公司的效益也越来越好。

第9章

绩效考核方法：
根据自身情况进行选择

确定绩效考核方法是HR的一项重要工作，常用的考核方法包括KPI考核法、平衡计分卡考核法、目标管理考核法和360°考核法等，HR需要根据公司的情况选择最适合的考核方法，并在实施考核前对部门管理者和员工进行技术培训。

9.1 KPI考核法

KPI（key performance indication，关键绩效指标），是将公司内部的关键参数进行设定、提取、计算、分析，进而量化出的绩效管理指标。KPI通过把公司的发展战略程序化，来帮助公司进行科学的绩效管理。KPI在现代公司中得到了广泛应用，因为KPI可以使绩效考核量化，进而得出一个比较客观公正的考核结果。建立KPI指标体系要做到条理清晰，使每个指标既相对独立又具有内在联系，以达到全面考核员工的目的。

9.1.1 >>> 制定KPI：头脑风暴法和鱼骨分析法

制定KPI的方法有头脑风暴法和鱼骨分析法两种。头脑风暴法是围绕一个议题展开自由讨论，最终确定目标和实行方案的一种团队决策方法。头脑风暴法包括KRA法、CSF法、KSO法等。

KRA法（key result areas，关键成功领域法），即通过分析目标成果的构成，找出决定绩效目标的重要因素，然后从中提取衡量指标的方法。

部门管理者运用KRA法确定KPI时，通常要考虑下面几个问题。

① 目标都包括什么？

② 目标需要达到什么结果？

③ 目标成果可分为哪几部分？

④ 为了实现目标，具体要做什么？

部门管理者运用CSF法（critical success factors，关键成功因素法）确定KPI时，首先要找出实现绩效目标的各种成功因素，从中找出最重要的，再制定衡量指标，最终确定KPI。

部门管理者运用CSF法确定KPI时，通常要考虑下面几个问题。

① 怎样做才能成功？

② 哪些因素会影响成功？

③ 在哪方面有不足？怎样来弥补不足？

KSO法（key strategic objectives，关键策略目标法），与KRA法、CSF法不同，KSO法着眼于实现绩效目标的工作方法，所以部门管理者要先提取制约这些工作方法实现的指标，然后再确定KPI。

部门管理者运用KSO法确定KPI时，通常要考虑下面几个问题。

① 实现绩效目标的工作方法是什么？关键点是什么？

② 第一步要做什么工作，达到什么要求，接下来还要做什么？

③ 为什么要这么做？

鱼骨分析法又叫因果分析法。这种分析方法首先要找出关键问题，然后找出影响关键问题的各方面因素，并将它们与关键问题一起，按照逻辑顺序整理成主次分明、条理清晰的图形，该图形形状类似鱼骨，所以叫鱼骨分析法。

部门管理者通过鱼骨分析法制定KPI时，首先要根据公司的战略目标，发现公司运营的关键问题。确定这些问题后，再找出制约这些问题的因素，这样就确定了公司的KPI。

公司的KPI要先分解到各部门，然后由部门分解给每一位员工，分解过程层层推进、相互支持。最终，每个部门的KPI、每一位员工的KPI都与公司整体的KPI目标有着直接或间接的关联。

部门KPI也可以通过鱼骨分析法建立，下面以一家食品公司的KPI鱼骨图为例来分析公司的KPI是如何分解的，如图9-1所示。

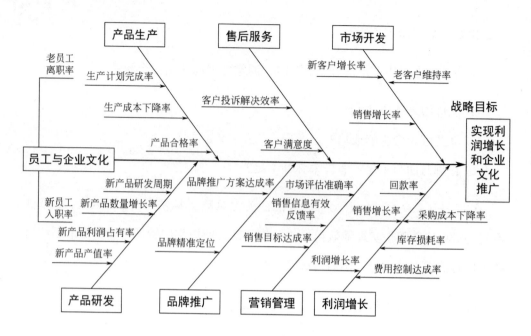

图 9-1　某食品公司 KPI 鱼骨图

除公司整体的KPI设计外，销售部、客服部、研发部、生产部等各部门也能够建立自己的KPI鱼骨图，如图9-2 ~ 图9-5所示。

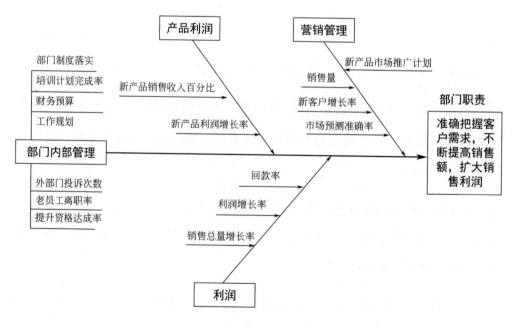

图 9-2　公司销售部的 KPI 鱼骨图

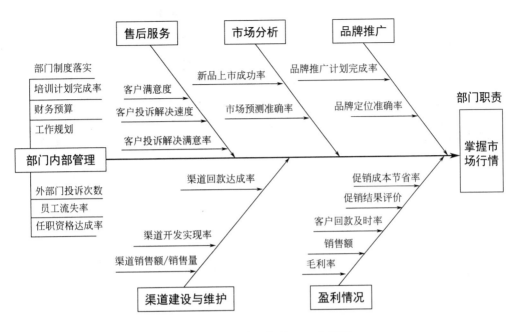

图 9-3　公司客服部的 KPI 鱼骨图

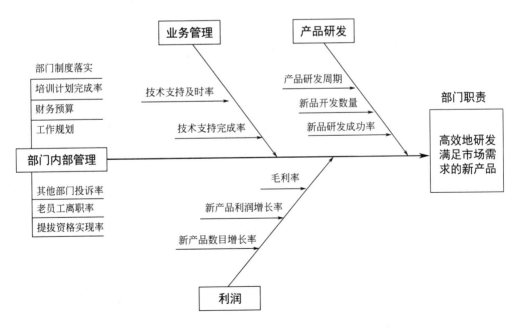

图 9-4　公司研发部的 KPI 鱼骨图

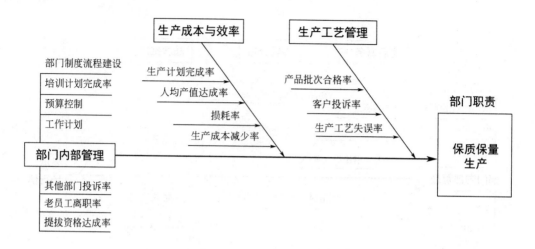

图9-5　公司生产部的KPI鱼骨图

综上所述，部门管理者利用鱼骨分析法确定部门的KPI时，首先，要明确该部门的核心业务，确定影响它们完成的因素以及该业务与公司战略目标的关系；其次，确定核心业务要达成的标准，找出影响达成效果的关键因素以及解决这些问题的策略方法；最后，确定部门的KPI，评估实现KPI的可行性。

9.1.2 》》 分解部门KPI，继而细化岗位KPI

部门KPI确定之后，部门管理者还要继续将KPI进行分解，确定实现KPI所需的各项要素，如技术手段、财力、人员配置等，制定相应的工作流程，明确考核方法，最后将部门KPI细化为各职位KPI。这样一来，各职位应负的责任都被转化成了KPI，员工的工作也因此被具象化，这些具象化的KPI就是考核本部门员工的依据。部门管理者通过部门的KPI确定员工的工作目标，这样可以保证每一名员工的努力方向都与公司的战略目标相一致。

使用KPI考核法的最终目的是实现公司组织架构的高度直观化，从而精简多余的部门、多余的流程以及不必要的资源投入。通常，在一个公司里，没有完全相同的两个职位，但有些职位性质非常相近，如隶属于销售部的销售专员和隶属于客服部的市场专员，他们的工作内容都是对市场进行预测，这种情况公司就可以精简职位，只留其一。

每一个职位都会对公司的业务产生或大或小的影响。部门管理者在为员工制定相应的KPI时，应考虑这名员工能否独立完成KPI，如果不能完成，那么，该项指标就不适合作为员工的KPI，需要舍弃。例如，产品中试放大实现率由研发部与生产部共同决定，所以这项KPI就不能作为研发部员工的绩效考核指标，而要作为本部门管理者或公司高层管理者的考核指标。

KPI考核法要求部门管理者对相同情况员工的考核做到一视同仁，这对某些岗位来说比较容易，如行政岗位和一线生产岗位等。因为，这类岗位的员工工作内容比较单一，能够快速创造价值，同时也有比较清晰的工作评价标准。但某些岗位的工作内容比较复杂，如技术研发岗位、市场调研岗位等，这类岗位的员工往往需要较长的周期来创造价值，这时，部门管理者就很难做出客观、准确的评判。

KPI强调通过工作成果来反映工作能力，这个工作能力是指被考核员工在正常状态下的工作能力。公司在招聘新员工时，写在文案里的工作能力要求，实际上隐含了公司要求新员工能够实现的工作目标。KPI考核法的主要形式是举证，以员工的工作成果来证明员工的工作能力达到了同行业的普遍标准，或让员工意识到与普遍标准的差距，以此做到直观、客观、公平、公正。

在绩效考核过程中，被考核的员工常把自己放在部门管理者的对立面，对考核标准、参评人员的评语提出质疑，结果非但没有提高绩效，反而激化了与部门管理者之间的矛盾。这个问题的根源在于部门管理者与被考核员工没有明确自己在绩效考核中的角色。员工把部门管理者视为"监工"，而部门管理者把员工视为"下级"，这样，双方从内心上就失去了平等地位，产生矛盾也就在所难免。而KPI考核法，将部门管理者与被考核员工置于平等地位，绩效考核过程是一个大家共同提高的过程，部门管理者和员工一起为了提高绩效能力而努力。

这种平等关系首先体现在制定评判标准上，KPI要求每一个绩效评判标准都是部门管理者与员工经过沟通达成共识的结果。通过了解行业的普遍标准，部门管理者和员工双方有了相同的目标，然后按照普遍标准去履行自己的职责，同时也为最终的绩效评判提供了标尺。

采用KPI考核法时,部门管理者必须同时做到管理优化,要有专人、专业的管理模式负责KPI考核。吃透KPI的内涵、多角度搜集数据、公正分析数据并持续跟进是KPI考核法成功应用的基础,另外,HR对员工和部门管理者在绩效考核前进行的技术培训也有助于KPI考核工作的推进。总之,借鉴KPI绩效考核的思想与方法,不但能优化公司管理,还能快速建立、健全公司的绩效管理体系。

9.1.3 >>> 案例:麦当劳如何通过关键成功要素提炼KPI

麦当劳是全球最大的餐饮连锁企业之一,其定位是提供质量稳定并受人喜欢的方便性食品,所以一直保持着环境整洁、价格便宜的特点。如果要满足这两项要求,必须做到以下五个方面的关键成功要素,然后根据关键成功要素提炼KPI,如表9-1所示。

表 9-1　麦当劳通过关键成功要素提炼的KPI

关键成功要素(CSF)	关键业绩指标(KPI)
店址遴选:交通便利,居家密集	• 规定时间内确定店址 • 新店的市场份额 • 与预测对比的客流量
资源:通过长期合作建立稳定可靠的原料基地	• 每千份订单的不合格率 • 一年以上供应商流失率
产品开发:不断推出对顾客有吸引力的产品	• 新产品(2年内)所占份额及收入情况 • 市场新趋势调查数目
质量控制:拥有保证产品制作和客户服务的管理系统	• 审计不合格数量 • 顾客满意度排名 • 顾客投诉量
服务:选择满足公司要求的特邀经销商(产品、服务)	• 员工满意度 • 员工流失率 • 神秘顾客评分 • 顾客投诉量

第一，店址要交通便利、居家密集。快餐店要成功，必须要有较高的客流量且交通要便利，使顾客能在短时间内到达餐厅。根据这两个要求可以提取出以下三个指标：规定时间内确定店址、新店的市场份额、与预测对比的客流量。规定时间内确定店址以及新店的市场份额可以有效保证快速开店，增加公司业绩，与预测对比的客流量可以分析选址的准确程度。

第二，通过长期合作建立稳定可靠的原料基地，以保证餐厅可以有充足稳定的原料来源。根据这个要求，可以提取出以下两个指标：一是每千份订单的不合格率，这个指标用来考核原材料的质量，保障产品品质；二是一年以上供应商的流失率，这个指标可以用来保障长期合作供应商的稳定性。一般来说，长期供应商有利于保障产品的稳定性，所以如果想保障公司产品的稳定，就可以用这个指标来进行考核。

第三，在产品开发上要做到不断地推出对顾客有吸引力的产品。麦当劳会定期推出新产品，这些新产品一般会持续一个多月，其中许多产品都是短期推出，在促销期结束后就永远下架，不再上市，目的是让顾客保持新鲜感和危机感。根据这个要求，可以提取出以下两个指标：一是新产品所占份额，二是市场新趋势的调查次数。

在制定新产品所占份额这个指标的时候，需要注意定义什么叫新产品，也就是上架多长时间的产品算新产品，是一年内推出的还是一个月内推出的，新产品的销售份额越高，说明推出的新产品越受欢迎，反之则说明推出的新产品顾客不喜欢。市场新趋势的调查次数对产品开发来说是一个过程指标，通过多次调研市场的新趋势总结出顾客的消费偏好，根据顾客的消费偏好来有针对性地设计新产品，这样可以获得更高的成功率。

第四，通过拥有保证产品制作和客户服务的管理系统来控制质量。餐饮连锁快餐店的产品质量至关重要，而产品的标准化又是连锁企业的重中之重，要想保证产品的标准化，就需要企业拥有标准化的管理系统。根据这个要求，可以提取出以下三个指标：审计不合格数量、顾客满意度排名、顾客投诉量。

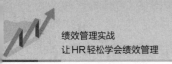
这三个指标可以从不同角度来考核产品质量和客户服务的好坏。审计不合格的数量越多，顾客满意度就越低；顾客投诉量越高，说明不是管理有漏洞，就是产品质量有问题，要么是客户服务不合格。如果进一步拆分的话，可以把顾客满意度指标拆分成由于产品质量导致的顾客不满意和由于服务质量导致的顾客不满意等指标，这样会更有指向性。

第五，通过选择满足公司要求的特邀经销商来保障服务品质。餐饮企业服务的重要性毋庸赘述，要保证良好的服务，就必须拥有优秀的员工。根据这个要求可以提取出两个结果指标：（神秘顾客评分以及顾客投诉量）和两个过程指标（员工满意度和员工流失率）。

神秘顾客评分的高低和顾客的投诉量可以评价经销商服务的好坏。神秘顾客评分越高，顾客投诉量越少，说明服务越好；反之说明服务有一定的问题。而要做到服务好，就需要员工的满意度高，员工的流失率低，较低的员工流失率以及较高的员工满意度能有效地支撑良好的顾客满意度。

9.2 平衡计分卡考核法

BSC（balanced score card，平衡计分卡），是一种全新的公司评估体系。BSC打破了公司过于看重财务指标的传统思想，将公司的发展战略具体化为可行目标、可测指标和目标值。

9.2.1 >>> 平衡计分卡考核法是什么

BSC考核法认为，财务指标具有局限性，还不具备前瞻性。所以，公司应从财务、客户、运营、学习四个维度衡量自己的发展战略，如图9-6所示。

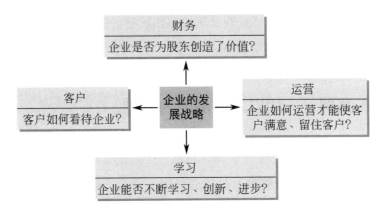

图9-6　四个维度

BSC考核法从这四个维度出发对公司的绩效管理进行了全面评价，既避免了以往仅依靠财务评估的迟滞性、短视性以及局限性等问题，又能科学地将公司的战略管理与绩效管理统一起来。

BSC考核法的具体实施步骤如下。

① 以公司发展战略为指导思想，兼顾综合与平衡，依据公司的组织架构，将公司的战略目标细分为各部门在财务、客户、运营、学习四个方面的具体目标。

② 依据各部门在财务、客户、运营、学习四个方面的具体目标，确立相应的绩效评估指标体系。这些指标需要围绕公司的发展战略制定，平衡公司的长期发展与短期目标、内部利益与外部利益，综合考虑财务与非财务两方面信息。

③ 由所有部门共同拟定各项指标的评分标准。通常是将各项指标的期望值与实际值作对比，确定误差范围，从而制定出评分标准。考核周期一般以季度或月度为限，公司将各部门在财务、客户、运营、学习四个方面的工作目标完成情况进行综合评分，根据评分适当调整战略方向，或调整原定工作目标与绩效评估指标，确保公司的发展战略顺利实现。

总的来说，BSC考核法追求的是公司全方位的平衡，即财务标准与非财务标准的平衡、长期发展与短期目标的平衡、结果与过程的平衡、管理与运营的平衡等。因此，BSC考核法能够反映公司的总体状况，使公司的绩效评估体系趋于平衡和完善，利于公司的长期发展。

9.2.2 ⟫⟫ 案例：一切以发展战略为基础

HKW公司是一家化工生产公司。目前，公司的业务由两部分组成：一部分是零售，这部分业务一般要求产品供应及时、符合质量要求；另一部分是大宗产品交易，这部分业务的客户对产品需求量很大，希望与公司长期合作。近几年，为了应对不断增长的市场需求，HKW公司高层制定了新的发展战略，目标在未来五年内，公司跻身业内前三名。

基于以上发展战略，HKW公司运用BSC考核法，制定了财务、客户、运营、学习四个维度的战略目标和相应的绩效评估指标，如表9-2所示。

表9-2 公司的战略目标与相应评估指标

维度	战略目标	评估指标
财务	实现公司价值最大化	总资产收益率
	降低成本	成本利润率
	提高资本利用率	总资产周转率
	确保流动资金正常周转	盈余现金保障倍数
		负债率
	持续、稳定的扩大公司生产和经营规模	经营收入增长率
	开拓新市场、发展新业务	新业务收入增长率
客户	提供高性价比、有创新性的产品及优质服务	客户满意度
	开发大客户	大客户增长率
	生产行业领先、客户认可的产品，确立公司品牌优势	品牌认可度
运营	改进和完善现有产品与服务	质量提升能力
	依照市场需求研发新产品	科研能力
	产品运营流程优化、升级	流程优化能力
	加强公司内部的部门协作，提高资源调配效率	内部客户综合满意度

续表

维度	战略目标	评估指标
学习	打造学习型组织，提高员工的业务能力和综合素质	员工提升能力
	培养、引进关键岗位的储备人才	人才储备能力
	构建并推进公司管理的信息化建设	信息化程度
	培养员工提供新方法、新产品、新思路的能力	创新能力

HKW公司制定的BSC考核法非常科学合理，财务、客户、运营、学习四个维度的战略目标和相应的绩效评估指标彼此之间的关联密切，因果关系清晰，有效地体现了公司的发展战略。例如，经营收入增长率是财务维度的绩效评估指标，实现这个指标需要老客户对公司的产品满意，还需要开发新的大客户。因此，在客户维度中，客户满意度和大客户增长率就被列为了评估指标。

那么，怎样去维持老客户、开发新的大客户呢？改进和完善现有产品与服务是一个方面；但因为市场在不断变化，客户会出现很多新需求，所以研发新产品也同样重要，因此，质量提升能力和科研能力就成了运营维度的重要评估指标。

另外，只有不断提高员工的业务能力和综合素质，才能有效改善产品与服务，研发出新产品，所以员工的业务能力和综合素质要作为学习维度的评估指标。

9.3 目标管理考核法

目标管理考核法（MBO，management by objective），是依照具体指标和评价方法来界定员工工作目标完成情况的绩效考核方法。MBO考核法是目前众多公司普遍使用的绩效考核方法，因为它能够将员工价值观与公司的战略目标统一起来。因此，部门管理者在使用MBO考核法时，必须明确责任的级别和分

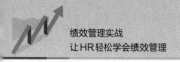
目标，并将其作为公司绩效考核的标准。

9.3.1 >>> 如何正确使用目标管理考核法

MBO考核法作为公司最常使用的绩效考核方法，它的实施步骤是比较简单的，一般分为四步。

① 确定绩效目标。这个过程需要公司上下通力合作，部门管理者与被考核员工分层级共同确定绩效目标。绩效目标的内容既包括预期结果，又包括实现的方式、方法。

② 确定绩效指标的主次程度及时间规划。绩效目标确定后，部门管理者就要制定一系列相关的绩效指标。在这个过程中，部门管理者一定要分清主次，按照工作的重要性和迫切程度，平衡各方面的关系，合理利用资源，制定绩效指标。

③ 定期考核。绩效考核要有固定周期，通过定期考核，总结绩效目标实现过程中的经验教训。这一过程有助于公司安排相关的绩效培训，还有助于调整下一次考核的各项绩效指标。

④ 制定新的绩效目标。这是最后一步，只有完成现有绩效目标的被考核员工才能参与制定下一期的绩效考核目标，并确定实现方法；未完成现有绩效目标的被考核员工，要与部门管理者充分沟通，分析未达到目标的原因并制定相应的解决方案，然后才可以参与制定下一期的绩效考核目标。

在选择MBO考核法作为公司的考核方法时，HR还要注意以下两方面问题。

① HR要考虑公司是否适合使用MBO考核法。如果公司规模很小，员工人数较少，分工明确，那么运用MBO考核法反而会让工作变得复杂，影响工作效率。

② 实施MBO考核法要坚持不懈，做到定期化、长期化。HR要将MBO考核纳入日常的管理工作中，无论哪个部门，也无论考核周期长短，都必须实现目标管理的制度化、规范化，以促进绩效水平的改进。

MBO考核法确实有很多优点，但并不是万能的。在实践过程中，必须充分考虑多方面因素，如公司经营计划、公司文化、公司人才结构等，只有将各方面因素结合起来，才能有效发挥MBO考核法的作用。一味地生搬硬套其他公司的经验，只会使公司的绩效管理体系逐渐僵化。

9.3.2 >>> 案例：通过目标管理考核法优化绩效管理

某软件股份有限公司创建于2003年，经过10多年的打拼，公司已成为各大电商、金融、保险等公司重要的IT外包服务供应商和战略合作伙伴之一。受公司主要业务影响，公司有75%以上的员工是软件研发人员，但因为公司原有的绩效管理体系存在很大问题，所以人员流动性很大，员工对公司存在诸多不满。

① 绩效管理没有系统化。该软件公司虽然建立了绩效管理制度，但并未形成从公司、部门到员工的完整的绩效考核体系。

② 绩效指标过于量化。公司设定绩效指标时忽视了员工的个人诉求，绩效指标最后几乎都以数字形式呈现，让员工觉得不够人性化。

③ 绩效目标制定过于短期化。该软件公司在制定绩效目标时缺乏远见，没有考虑到公司的长期发展。过于短期化的绩效目标会公司员工变得短视，进而损害公司的长期利益。

针对上述绩效管理中存在的问题，该软件公司开始推行MBO绩效考核法，具体从以下五个方面展开。

① 绩效考核周期的确定。该软件公司的绩效考核分为季度与年度进行。季度考核从第一个月的1日开始至第三个月的最后一天截止；年度考核从当年的1月1日开始，至12月31日结束。

② 绩效考核目标的设定。对于员工的绩效考核目标，该软件公司将其分为硬性目标和关键性目标两类。硬性目标尽可能量化，不能量化的，也分解成了可衡量、易实现、可评估的阶段性绩效考核目标；关键性目标则考虑到了各部门月度或季度的工作重点，结合这些因素确定被考核员工的工作重点、应实现

结果等，如表9-3、表9-4所示。

表9-3　公司销售专员MBO第三季度考核表

部门：销售部		职位：销售专员		姓名：	
工作任务和绩效目标	权重	任务完成步骤及详细计划	完成时间	任务完成目标值	所需支持和配合
了解、遵守公司制度和政策	20分	熟悉公司各项规章制度和政策，定期参加制度、政策培训	9月30日	熟悉、掌握并执行，无违反	政策文件市场部主管
完成月度工作计划和工作总结	30分	收集和整理本月销售数据和客户数据文字录入、制作ppt	9月30日前	按公司统一的内容框架和格式要求，内容详细、无遗漏和差错	统一文件模板销售内勤人力资源主管
填写销售日志	10分	依据月度计划制定周计划按周计划填写每天的工作日志	9月25日前	字迹清晰，无遗漏，及时上交	销售部主管人力资源部主管
订单的填写和通知	10分	认真询问并记录客户申请服务的详细内容按规范的书面记录填写并通知内勤主管	9月30日前	填写清晰、准确，无差错	内勤主管
配合做好客户服务投诉处理工作	30分	与客服部沟通，了解详细情况并做好时间安排	9月25日前	积极配合，顺利按计划完成	客服部
被考核员工签字：				上级签字：	

表 9-4　公司会计 MBO 第三季度考核表

部门：财务部			职位：会计		姓名：
工作任务和目标	权重	完成步骤及计划	完成时间	任务完成标准	所需支持和配合
日常账务的整理和录入	30	整理票据，登记手工账，录入计算机	9月30日	账务准确、及时，无拖延、无疏漏	
报税	10	8月30日前完成损益表和税务计算，9月1日填写税务登记表，9月2日去税务局报税	9月5日前	准备充分，按时完成	
统计销售欠款	10	制定销售欠款明细表（备查）	9月30日前	严格审核，控制欠款	
应收账款报表	10	9月27日审核并核查各项应收账目，9月28日制定应收账务报表及欠款说明	9月28日	报表准确、全面，无疏漏和差错	
产品销售明细表及利润明细表	10	9月25日汇总各销售报表，9月26日核查报表，9月27日编制明细报表	9月27日	账务核对及时、准确，报表准确，按时上报	销售内勤运营内勤
上报财务三大报表	15	登记、整理和审核各分类账务，9月28日编制财务报表	9月28日	账务核对及时、准确，报表准确，按时上报	出纳
与其他公司往来账务对账工作	15	9月10日与其他公司财务人员沟通，确定对账时间和账务要求，9月12日完成账务核对	9月12日	按时完成，要求账务相平，并作相应的账务调整和规范	其他公司财务人员
被考核员工签字：			主管上级签字：		

③ 绩效考核指标权重的设定。绩效考核指标做出调整时，相应的绩效指标权重也要适当调整，但必须取得被考核员工的同意。

④ 工作目标的实施与辅导。绩效考核的目标、指标、权重确定后，部门管理者通过被考核员工的工作日志、工作周报等资料，进行绩效辅导。

⑤ 考核结果的确认与反馈。部门管理者在肯定被考核员工的工作成果、提出改进方案的基础上，双方达成一致意见，以文字形式签字确认。

该软件公司的MBO考核法经过不断改进，终于取得了佳绩。2017年，公司的销售量高达5亿，员工离职率仅有4%，员工满意度提升到了83%。同时，公司的各项成本得到了有效降低，提升了公司在同行业的竞争力。

该软件公司的案例说明，首先，MBO考核法的"目标"要准确制定，必须是公司上下一致认可的，只有目标一致，形成全员目标管理，公司整体的目标才能实现；其次，让员工发挥自我控制力，部门管理者不是"监工"，不能监控员工所有的行为，员工工作的效果更多的时候还是由自己控制。

最后，管理目标过程。部门管理者在日常工作中必须常与被考核员工沟通，将绩效辅导贯穿于考核始终，沟通能了解员工工作过程中的心态变化和遇到的困难，从而避免员工在工作过程中出现疏漏。这样既提高了员工的业务能力和绩效能力，又能使他们更加积极地投身于工作。

在移动互联网时代，公司推行MBO考核法是一个大趋势，但这不是一朝一夕就能完成的事。实施MBO考核法既要有科学的方法，还要善于把握机会和风险。MBO考核法是将公司、部门、员工的目标统一起来进行管理，让公司"全民皆兵"，共同参与到公司整体目标的实现中来，使公司拥有强大的向心力。

9.4 360°考核法

360°考核法是常见的绩效考核方法之一，适用于中层以上的员工考核。这个考核法最早由英特尔公司提出并加以实施运用。它先是从不同角度获取公司员工工作行为表现的资料，然后对获得的资料进行分析评估，在这些资料的基础上制定出下年度的绩效目标。

9.4.1 >>> 360°考核的五个步骤

360°考核法又叫全方位考核法，该方法的特点是考核维度的多元化。除了部门管理者和员工要参与绩效考核评估外，同事、客户等主体也要参与被考核员工的绩效评估。这样一来，员工的工作情况能够获得全方位的评估，考核结果也更加客观、公正。同时，通过多渠道的反馈，员工的职业素养和性格品质也很容易被呈现出来，360°考核展现出的是一幅完整的员工画像。360°考核法的缺点是比其他考核方法耗时耗力，而且涉及专业的绩效知识，需要HR在前期对部门管理者和员工进行专业的技术培训。

如果员工想全面了解自己的工作状况，了解自己和别人的差距，就可以申请使用360°绩效考核方法。因此，360°绩效考核法更适用于工作年限较长的老员工或中层以上管理者。通常，进行360°绩效考核时，要把被考核员工的上级管理者、同级同事、下属员工、客户都列为参评人员，每组不少于3人。最后经过公司的沟通、分析，出具报告给被考核员工。

每组参评人员基于对被考核员工的了解作出评判，填写问卷。问卷题目分为两种，一种是等级量表，让参评人员根据项目为被考核员工打分；另一种是开放式问题，让参评人员写出评价意见。

问卷中的每一个题目，不同参评人员可能会给出不同分数与评价意见，HR最后会将四组参评人员的意见综合起来加以分析，得出一个相对客观的考核结果。目前，很多公司会委托第三方公司进行360°绩效考核，因为360°绩效考核涉及很多专业问题，第三方公司有成熟的技术和专业的人员以及丰富的经验，更容易得出科学的考核结果。

360°绩效考核具体分以下五个步骤进行。

① 确定360°绩效考核的四组参评人员。参评人员可由被考核员工自己选择，也可由管理层指定，但必须得到被考核员工的同意，这样才能确保被考核员工最后认可考核结果。

② 对参评人员进行培训和指导。HR可以组织讲座，也可以单独辅导，主要是培训和指导参评人员如何作出正确的反馈评价。

③ 执行360°反馈评价。这是整个考核过程中最关键的一步，HR必须对考核过程严格监督。从问卷的拆封、发放，到给参评人员答疑，直到收回问卷和密封问卷，整个考核过程要做到程序化和标准化，保证考核结果的有效性。

④ 统计问卷结果并生成报告。目前，已有统计360°绩效考核结果的专业软件，这种软件可以分析评分数据并给出考核结果，然后生成多种形式的统计图表，非常直观。

⑤ 向被考核员工提供反馈。在考核完成以后，HR要根据考核结果向被考核员工提供反馈。通常，这一步是由被考核员工的上级管理者、HR以及相关专家面对面进行的，内容主要是分析被考核员工的优缺点，分析原因并指出改进方法。

9.4.2 >>> 案例：某某有限公司的360°考核

某某有限公司经过多年的摸索，建立了自己的绩效管理体系。2017年，某某有限公司拟定了针对部分部门经理的360°绩效考核方案，内容如表9-5所示。

表9-5　某某有限公司部门经理的360°绩效考核方案

流程	具体内容	责任部门
考核参评人员人数与分组	分成上级、同级、下级、客户，共四组	公司高层
召开讨论会	公司高层与被考核员工讨论具体参评人员，最终制定参评人员名单	公司高层、监察审计部
组织、执行考核	制定好问卷，将问卷下发到参评人员手中，并严格监督整个考核流程	监察审计部、第三方专家

续表

流程	具体内容	责任部门
上交考核表格	收好每位参评人员做好的问卷，并直接上交至人力资源部	监察审计部
统计	对上交的问卷进行统计，给出考核结果，并上交总经理审批	人力资源部、第三方专家、总经理
反馈	针对考核结果，进行面对面的反馈与沟通	人力资源部、总经理

参评人员的选择本着"谁了解谁参评"的原则，共选出15人，具体人员组成如下。

上级：3人（总经理1人、副总经理2人）；

同级：其他部门的部门经理3人；

下级：被考核部门经理的下属员工5人，工作时间均不少于2年；

客户：内部客户中选出4人，与被考核员工合作时间均不少于3年。

确定好参评人员后，由监察审计部与公司委托的第三方专家制定问卷，问卷内容包括职业能力与职业素养两方面，权重分别为65%和35%，如表9-6、表9-7所示。

表9-6 职业能力考核

说明：请对照被考核对象平时的行为表现，判断他们的行为属于1、2、3、4中的哪一种，将对应的数字1、2、3、4填入最右一列。					
能力项	能力类型描述				能力评估
	1	2	3	4	
领导能力	懂得分配工作、能够指导员工完成工作	能够顺利分配工作，有效指导员完成工工作	善于分配工作，并能够积极、有效地指导员工提前完成工作，具有一定的风险防范意识	分配工作收放自如，指导员工独立完成大部分工作，具有风险防范意识，能够事先做好应对预案	

续表

能力项	能力类型描述				能力评估
	1	2	3	4	
决策能力	能够在上级的指导或协助下，做出相关决策	能够对下属提出的一般性建议作出决策，并能够向上级提供一般性合理决策建议，能够考虑到决策所需的重要因素	能够对下属提出的重要建议作出决策或能够向上级提供重大的合理决策建议，并能够对影响决策的因素进行全面分析	能够在复杂的情况下作出全局性的正确决策	
沟通能力	能够为工作事项进行沟通或简单口头交流	能够与同事和客户进行较为清楚的沟通，能够抓住重点	沟通技巧较高，具有较强的说服力、影响力和感染力	沟通时有较强的个人魅力、影响力与感召力	
计划能力	能够针对工作内容，制订工作计划，合理安排本部门工作	能够合理地制订某工作计划，并能够利用工作计划进行有效的团队管理	能够有效地制订具有前瞻性的工作计划，预先分配时间及其他资源	能够全面制订工作计划，预测准确，能够对计划执行进行深入分析并及时做出调整	
创新能力	在解决问题时，不墨守成规，经常找到新方法	能够恰当的质疑先有的解决问题方法，能够从新视角来看待问题	能够综合各种解决问题的方法，制定新的解决方法，或提出可行性建议	能够多方面征求大家意见，创造性地解决问题，或形成新的观点	
监管能力	清楚地分配具体工作内容、任务和职责范围，了解完成该项工作过程所需监管的关键环节	能够结合下属员工的能力、个性等分配工作任务，预先判断工作中可能出现的问题，能够根据工作进展情况及时提供必要的协助和回馈	能够在恰当的时候给予下属员工或团队辅导，并能够灵活调整工作任务和进度，以应付工作重点的转变	能够从全局把握工作进展情，通过多渠道来监管各方面的工作质量，能够预见并制订出工作重点转变时应该采取的关键策略，重新配置和协调各种资源以保证工作完成	
团队建设能力	能够协调部门内部关系，完成工作目标	能够协调部门内部关系以及与其他部门的关系，完成较为复杂的工作目标	能够组织跨行业或跨部门的团队，明确团队目标，协调各方面的关系，完成复杂的工作目标	能够运用全局性资源，制定明确的团队目标，并发挥团队优势，让团队高效运转，运用分级管理授权，完成全局性工作目标	

表9-7　职业素养考核

说明：请对照被考核对象平时的行为，以及这种行为出现的频率进行评估，评估分数标准如下：

1. 几乎从未表现出来；2. 偶尔表现出来，但缺乏持续性；3. 经常表现出来，并且具有持续性，但还可以加强；4. 充分表现出来，有些地方超出了预期标准

请在下表出现频率列相应的数字1、2、3、4空格中打"√"

内容	行为描述	出现频率					请列举被考核人实际行为事例来证明您的评价建议（可不写）
		1	2	3	4	5	
责任意识	爱岗敬业，坚守职业道德						
	对于工作职责范围内出现的风险、疏漏等勇于承担责任，并积极跟进处理						
团队精神	具有强烈的团队意识，工作中能够积极协调配合						
	关心团队建设，在团队利益与个人利益发生冲突时，能够优先考虑团队利益						
主动性	发挥个人的主观能动性，积极、主动完成工作						
进取心	高标准要求自己，不断挑战自我、不断追求卓越						
诚信	在工作中实事求是						
	在工作中恪守信誉和职业操守						
全局意识	能够站在公司的角度来考虑整体问题、平衡整体利益						
抗压能力	在遭受阻力、敌对、压力等负面因素时，能够保持冷静，避免负面情绪及行为						
影响力	在适当的时候采用针对性地策略和行动，让别人接受某种观点或采取某种行动						
忠诚度	对公司忠诚，愿意在公司长期发展						
	认同公司文化，始终遵守公司的制度和政策						

内容	行为描述	出现频率					请列举被考核人实际行为事例来证明您的评价建议（可不写）
		1	2	3	4	5	
领悟能力	能够在复杂的问题中抓住主要矛盾，能够深挖问题的本质						
	能够吸取经验教训，防止同样问题、事故等再次发生						
	能够提前察觉潜在危机，并采取相应的防治措施						
学习能力	通过查阅资料、亲自实践等方法迅速获得工作所需要的知识或技能，学以致用						
心理健康	工作中能够始终保持积极、乐观向上的态度						
	自信但不自负，不求全责备，不怨天尤人						

问卷填写完毕后，由HR和第三方专家在15个工作日内，共同统计问卷分数，结合参评人员的评价与被考核的部门经理的自我评价，给出最终的绩效考核分数。确认无误后，上交公司高层。

考核结果公布后，公司还要针对考核结果进行反馈。由总经理和被考核的部门经理进行面对面沟通。考核结果出色的，提出表扬和鼓励，给予适当奖励，并召开全体大会号召大家学习；考核结果不理想的，除了批评外，给予耐心地指导，指出未来工作努力的方向。

某某有限公司一开始决定采用360°绩效考核法时，受到了普遍质疑。很多人认为，这种考核方法受制于参评人员的主观判断，缺乏公平性。但事实证明，某某有限公司实行的360°绩效考核取得了预期结果，被考核的部门经理在工作中存在的优点和缺点都客观地在考核结果中呈现了出来，他们本人也对考核结果普遍认可，纷纷表示会在今后的工作中扬长避短，不断提高自己的职业能力和职业素养。

某某有限公司的案例说明，360°绩效考核的程序执行要注重公平，只有程序公平了，才能保证考核结果的真实。例如，在实施考核之前专门组织了公司高层和被考核部门经理的讨论会，双方经过讨论后才确定了具体的参评人员，之后，由公司总经理当众宣读参评人员名单，由监察审计部经理现场公证，最大限度做到了公开、透明。

另外，在评分时，由HR和第三方专家亲自负责给出考核结果，人力资源部经理亲自审核所有考核结果，公司总经理最后还要对考核结果进行终审。公布考核结果之前，除负责考核结果的当事人外，他人无从知晓，保证了整个考核过程的保密性和公正性。

第10章

绩效考核设计：
依照层级和领域制定方案

绩效考核实质上就是用量化的数据或指标反映员工的工作状况。但由于部门不同，职责与工作性质不同，公司并不能将所有的工作内容都进行量化处理，因此，要运用科学的方法将不同层级不同部门分开进行绩效考核。

绩效考核使绩效管理的核心环节，HR在启动公司考核后，应对各部门管理者以及员工进行技术培训，并跟踪提供技术指导以及政策解读，然后向各部门发放相应的考核表格、模版，最后汇总员工的考核成绩，启动绩效沟通，收集员工的申诉以及建议，并归档各项考核数据。

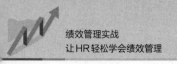
10.1 如何考核管理者

管理者承上启下，既是公司战略目标的推动者，又影响着具体工作的执行，因此，管理者的工作非常重要，而对管理者进行绩效考核既能促进管理效率的提高，又能保证公司目标的顺利实现。各部门管理者的考核通常是公司高层亲自执行的，HR除了负责制定考核流程外，还要为考核者提供技术支持。

10.1.1 >>> 如何考核生产领域的管理者

以生产部门管理者的绩效考核为例，公司在对生产部门的管理者进行绩效考核时，先要明确生产部门管理者的岗位职责。生产部门管理者的岗位职责具体可以分为以下四个方面。

（1）构建生产线

构建生产线指的是生产部门管理者需要控制生产成本；制订生产计划、确定生产流程；建立、健全生产线；监督、检查生产工作，在安全生产的前提下确保生产的质量和速度。同时，根据公司的生产计划控制生产进度，合理调配人员与生产设施也是生产部门管理者的工作。

（2）编制物资采购计划

编制物资采购计划指的是生产部门管理者必须明确公司生产所必需的原料和零部件数量，确保正常生产，尽可能避免库存积压。另外，生产部门管理者还需要负责统筹公司的生产计划和采购计划、安排相关人员严格监督、核实采购物资的到位情况，确保生产进程与采购物资的精准对接。

（3）设备管理

生产部门管理者需要安排相关人员定期检测、维修、保养生产设施，提高生产设施的使用寿命和利用率。

（4）部门管理

生产部门管理者还要负责部门的日常管理工作。例如，组织一线工人和班组长参加岗位培训；协助人力资源部门做好本部门员工的绩效考核工作等。

明确岗位职责以后，考核者需要设置生产部门管理者的考核指标，然后根据考核指标和工作职责设计相应的绩效考核方案。生产部门管理者的绩效考核方案如表10-1所示，该考核方案把生产部门管理者的绩效考核指标分为财务、运营、客户、学习四个维度，不同维度有的又细分成多个小指标。每项指标都有对应的具体要求。

生产部门管理者的绩效考核目标主要围绕生产效率和产品质量两方面，因此，生产计划完成率和产品合格率这两个指标在考核中占有较大的权重。生产部门管理者的绩效考核应当以部门绩效目标为基础，通过合理量化考核指标，提高考核的主观能动性，从而充分考核生产部门管理者的工作情况。

表 10-1　生产部门管理者绩效考核表

姓名		岗位		时间		
指标维度	量化指标	权重	绩效目标值	考核频率	数据来源	得分
财务	生产成本减少率	10%	达到＿＿%	月度/季度/年度	生产部、财务部	
	库存资金占有率	10%	不高于＿＿%	季度/年度	生产部、财务部	
运营	生产计划完成率	20%	达到＿＿%	月度	生产部	
	产品合格率	20%	达到＿＿%	月度	生产部、质检部	
	设备损耗率	5%	不高于＿＿%	月度/季度	生产部	
	车间生产率	5%	达到＿＿%	月度/季度	车间	
	安全事故发生次数	10%	不高于＿＿次	季度	生产部	

续表

指标维度	量化指标	权重	绩效目标值	考核频率	数据来源	得分
客户	投诉率	10%	不高于____%	年度	人力资源部	
学习	培训计划完成率	10%	达到____%	季度 / 年度	人力资源部	
量化考核得分合计						
指标说明	1. 生产计划完成率 = 实际生产量 ÷ 计划生产量 ×100% 2. 生产成本减少率 =(上期生产成本−考核当期生产成本)÷ 上期生产成本 ×100%					
考核结果核算说明	生产部门管理者作为部门负责人，全面管理部门各项工作，其考核也应从定量指标和定性指标（如"其他部门满意度"等）两方面进行，其二者比例控制在 70% ： 30%					
被考核人签字： 日期：			考核人签字： 日期：			

10.1.2 >>> 如何考核营销领域的管理者

以销售部门管理者的绩效考核为例，公司在对销售部门的管理者进行考核时，先要明确销售部门管理者的岗位职责。销售部门管理者的岗位职责具体可以分为以下四个方面。

（1）市场调研

市场调研的具体工作包括：调查与分析市场情况、确定产品面向的客户群体；挖掘潜在客户，与新客户确立良好的沟通渠道；了解同行业公司的信息；销售目标的制定与管理。

（2）销售管理

销售管理的具体工作包括：销售情况的统计与分析、客户的经营情况分析、客户的资金状况以及信用情况调查等。另外，订单业务的受理、回款、售后服务等也在销售管理的工作范围之内。

（3）制定营销策略

制定营销策略主要包括：设立客户营销方向、制定吸引客户的营销方案、客户的销售促进指导等工作。

（4）部门管理

部门管理工作包括：定期组织本部门的业务能力培训、向新员工讲解产品及销售的技巧、陪同或协助员工完成销售目标等。

明确岗位职责之后，考核者需要设置销售部门管理者的绩效考核指标，然后根据考核指标和工作职责设计相应的绩效考核方案。销售部门管理者的绩效考核方案如表10-2、表10-3所示。该考核方案把销售部门管理者的绩效考核指标分为业务绩效与行为绩效两大模块，每个模块又细分成多个小指标。每项指标都有对应的权重和评分等级，在考核时采用自评和上级评分的方式。

表 10-2　销售部门管理者业务绩效考核表

姓名				岗位			得分		
	序号	考核项目	权重	指标要求	评分等级		自评	上级	结果
业务绩效	1	销售业绩	30%	每月销售额不低于 20 万元	完全达成 40 分；达成 90% 以上 30 分；不足 90% 为 0 分				
	2	新客户开发数量	30%	每月不低于 10 个	10 个以上 30 分;超过 5 个,不足 10 个 10 分；低于 5 个 0 分				
	3	客户流失率	15%	每月流失的老客户不超过 3 个	无流失 10 分；3 个以内 5 分；超过 3 个 0 分				
	4	培训本部门新员工	10%	每月培训课时不少于 8 个	8 个以上课时 10 分，否则 0 分				
	5	客户投诉解决	15%	在两个工作日内做出回应	按时回应 10 分，否则 0 分				
		加权合计							

表 10-3　销售部门管理者行为绩效考核表

姓名			岗位					
	序号	考核指标	权重	指标说明	考核评分	自评	上级	结果
行为绩效	1	客户关系	25%	1级：比较及时、准确地为客户提供必要服务 2级：及时、准确的解决客户需求 3级：挖掘客户真实需求，并提供相应产品与服务 4级：深得客户信任，并在维护公司利益的前提下去影响客户决策 5级：将客户利益与公司的长远利益统一起来	1级 5分 2级 10分 3级 15分 4级 20分 5级 25分			
	2	人际关系	25%	1级：回应他人求助，维持正常工作关系 2级：主动与他人建立融洽关系 3级：社交广泛 4级：善于交友并能从中提升业务能力 5级：亲和力强，感染不同层次社会伙伴，成为战略合作方	1级 5分 2级 10分 3级 15分 4级 20分 5级 25分			
	3	责任感	25%	1级：承认结果，不过多强调客观原因 2级：勇于承担责任，不推卸、不抱怨 3级：主动着手解决问题 4级：勤于思考，善于优化业务流程 5级：做事有预见，防患于未然	1级 5分 2级 10分 3级 15分 4级 20分 5级 25分			
	4	领导力	25%	1级：知人善用 2级：能正确衡量员工付出与回报的一致性 3级：对员工能够做出客观评价 4级：培训的员工经常能够在工作中独当一面 5级：富于人格魅力，对员工有亲和力	1级 5分 2级 10分 3级 15分 4级 20分 5级 25分			
	加权合计							
总分	总分 = 业务绩效得分 × 70% + 行为绩效得分 × 30% =							
考核人	签字： 　年　　月　　日							

10.1.3 》》》 如何考核行政领域的管理者

以人力资源部门管理者的绩效考核为例，人力资源部门属于职能部门，公司在对人力资源部门的管理者进行考核时，先要明确人力资源部管理者的岗位职责。人力资源部门管理者的岗位职责具体可以分为以下四个方面。

（1）人力资源管理制度建设

人力资源管理制度建设的主要工作包括：参与各项人力资源制度的编写，执行总经理审批后的各项人力资源管理制度。除此之外，人力资源部门管理者还要定期修订人力资源各项制度，经上层批准后对公司员工进行培训。

（2）公司人力资源规划

人力资源部门管理者每年年初都要制订公司的人力资源战略规划，并在这一年中监督规划的实施情况。

（3）人力资源管理

人力资源管理是人力资源部门管理者的核心工作，主要包括：公司内部的招聘、培训、绩效考核；管理公司劳动保障和员工的劳动关系；对重要的人事调动决策提出合理化建议等。

（4）部门管理

人力资源部门的管理工作主要包括预算管理和员工的绩效考核两方面。因此，这一项职责的考核重点就是人力资源部门的预算合理性和人力资源部门内部员工的满意度。

明确岗位职责之后，考核者需要设置人力资源部门管理者的考核指标，然后根据考核指标和工作职责设计相应的绩效考核方案。人力资源部门管理者的绩效考核方案如表10-4、表10-5所示，该考核方案把人力资源部门管理者的绩效考核指标分为任务绩效和责任绩效两大模块，每个模块又细分成多个小指标。每项指标都有对应的具体要求，在考核时采用自评和上级评分的方式。

表 10-4　人力资源部门管理者任务绩效考核方案

姓名				岗位		日期		
								得分
	序号	考核项目	权重	指标要求	评分等级	自评	上级	结果
任务绩效	1	招聘达成	10%	提出招聘需求20天内完成，完成需招聘岗位数量90%以上	在规定时间内完成人员到岗90%以上得10分；在规定时间内完成人员到岗85%以上得5分；其余0分			
	2	劳动纠纷解决	10%	劳动纠纷在第一时间解决，不扩大事端	劳动纠纷解决率100%，未发生劳动仲裁10分；发生劳动仲裁事件0分			
	3	培训完成	10%	按培训计划组织培训人员	培训计划实现率在80%～90%得5分；培训计划实现率低于80%得0分			
	4	绩效薪资计算	10%	每月25号前提交，无差错	按时提交，准确率100%10分；延时提交或出错0分			
	5	员工奖惩处理	10%	按制度执行，公平公正	按公司制度执行，员工普遍接受得10分；出现员工重大投诉事件或违章处理事件得0分			

注：任务绩效列中"业绩指标50%"为合并单元格内容。

续表

	序号	考核项目		权重	指标要求	评分等级	自评	上级	结果
任务绩效	6	管理项目 30%	人力资源报告	10%	每月27日前按质提交	按时提交，采信度在90%以上得10分；按时提交，采信度在80%以上10分；延时提交或采信度低于80%得0分			
	7		工作分析	10%	完成各岗位工作分析，形成工作说明书	完成所有岗位工作分析得10分；完成90%以上岗位工作分析得5分；不足90%岗位工作分析完成得0分			
	8		员工关系管理	10%	员工日常关系维护，职业生涯规划	员工流失率低于同期得10分；员工流失率基本与同期持平得5分；员工流失率低于同期得0分			
	9	人才培养 20%	新员工培养	10%	对新员工开展培训、帮助新员工度过试用期	新员工试用通过率在90%以上得10分；新员工试用通过率在85%以上得5分；新员工试用通过率低于85%得0分			
	10		人力资源专业人才培养	10%	培养管理者2名、专员2名	缺少一名扣3分			
	加权合计								

表 10-5 人力资源部门管理者责任绩效考核方案

姓名				岗位		日期			
	考核指标	权重		指标说明		考核评分	自评	上级	结果
责任绩效	1 商业保密	25%		1级：明知商业技术及信息的范围及要点 2级：工作期间遵守单位保密协议，并积极宣传正面信息 3级：不进行商业性信息交易，不透露单位发展的技术及战略 4级：维护公司商业机密并有实际案例 5级：影响他人做好商业保密，离职后五年不脱密的职业操守		1级5分 2级10分 3级15分 4级20分 5级25分			
	2 承担责任	25%		1级：承认结果，而不是强调愿望 2级：承担责任，不推卸，不指责 3级：着手解决问题，减少业务流程 4级：举一反三，改进业务流程 5级：做事有预见，有防止出现错误的设计		1级5分 2级10分 3级15分 4级20分 5级25分			
	3 领导力	25%		1级：任命员工合理 2级：能正确评价员工付出与回报协调性 3级：对员工业绩与态度进行客观评价 4级：掌握岗位精确工作技术及全面专家技术并组织实施产生良好效果，培训员工为胜任力者 5级：影响力大，员工自愿追随并做出贡献		1级5分 2级10分 3级15分 4级20分 5级25分			
	4 团队精神	25%		1级：大方传播必要信息助于别人成长或工作 2级：与别人合作不会发生情绪上隔阂，总能让每一位员工参与会议的讨论（目标，决策） 3级：总能选择最佳赞誉方式并授权准确 4级：亲自或协同解决冲突并有好效果 5级：所处团队成员执行工作氛围良好		1级5分 2级10分 3级15分 4级20分 5级25分			
	加权合计								
总分		总分 = 任务绩效得分 ×80%+ 责任绩效得分 ×20%=							

10.1.4 >>> 如何考核财务领域的管理者

以财务部门管理者的绩效考核为例，财务部门属于职能部门，公司在对财务部门的管理者进行绩效考核时，先要明确财务部门管理者的岗位职责。财务部门管理者的职责分为以下几个方面。

（1）确立、完善公司的财会制度

财务部门管理者应当依照国家出台的相关法律、法规，结合公司的具体情况，设立和完善公司的财会制度，确立本部门的岗位职责和人员分工，并监督财会人员遵守、执行相关制度。

（2）为公司高层提供财务管理

财务部门管理者应当充分分析和提取财会信息材料，使公司高层领导了解目前的经济状况，从而作出合理的经济预测并且调整公司的经营计划。另外，财务部门管理者还应当参考公司的财务预算为公司的经营计划提出建议并从财会的专业视角拟定和审查重要的经济合同。

（3）公司的日常财务管理工作

财务部门管理者应当定期组织本部门员工汇总、计算和分析公司的各项成本，强化成本管理意识，并向公司的高层领导提供成本控制方案。

（4）按时缴纳税务和其他款项

财务部门管理者应当督促本部门员工按时处理公司应缴纳税款和其他款项，要做到按期完成、不拖欠。

（5）定期进行公司的资产清算

财务部门管理者应当定期组织本部门员工进行公司资产清算，以此来完善公可的财务管理工作。

（6）本部门的人力资源管理工作

财务部门管理者应当定期组织本部门员工学习相关法律法规以及财务工作的专业知识，以提高本部门员工的职业素养。

明确岗位职责之后，考核者需要设置财务部门管理者的考核指标，然后根据考核指标和工作职责设计相应的绩效考核方案。财务部门管理者的绩效考核方案如表10-6、表10-7所示，该考核方案把财务部门管理者的绩效考核指标分为业务绩效与行为绩效两大模块，每个模块又细分成多个小指标。每项指标都有对应的权重和评分等级，在考核时采用自评和上级评分的方式。

表 10-6　财务部门管理者业务绩效考核方案

姓名				岗位				
	序号	考核项目	权重	指标要求	评分等级	得分		
						自评	上级	结果
业务绩效	1	财务报表审核报送	15%	财务报表在规定期限内报送，无差错	按要求完成15分；不按时报送或错报0分			
	2	提交财务分析报告	15%	每月20日前按标准出具本月财务分析报告	按要求完成15分；按时提交报告，但报告质量采信度较差10分；未按时提交或报告不准确0分			
	3	财务预算管理	20%	每月2日出当月财务预算，预算结果与实际情况误差在5%以内	按要求完成20分；误差率高于5%，不高于10%为15分；误差率高于10%或无预算0分			
	4	合理避税额	5%	在法律许可范围内，纳税额不高于同等规模的同行业水平	按要求完成5分；未完成0分			

续表

	序号	考核项目	权重	指标要求	评分等级	得分		
						自评	上级	结果
业务绩效	5	财务核算	10%	每月25日前完成财务核算，无偏差	按要求完成15分；有轻微偏差，不影响整体数据10分；出现严重偏差0分			
	6	财务票据完整度	5%	财务票据无丢失、损毁情况发生	按要求完成5分；有票据不完整情况0分			
	7	财务体系构建	10%	优化了财务体系	财务体系完善度不低于90%为10分；财务体系完善度高于80%，低于90%为5分；财务体系完善度低于80%为0分			
	8	财务信息管理	10%	资料齐全，无外泄	按要求完成10分；资料丢失或外泄0分			
	9	财务专业人才培养	10%	成功培养专业人员2名	每缺少一名扣5分			
	加权合计							

表10-7　财务部门管理者行为绩效考核方案

	序号	行为指标	权重	指标说明	考核评分	自评	上级	结果
行为绩效	1	忠诚度	25%	1级：不泄露公司信息、技术等 2级：能够与公司共渡难关 3级：生涯规划与公司发展方向一致 4级：危急时刻体现本职工作价值 5级：通过工作扭转公司不利局面，打开新局面	1级5分 2级10分 3级15分 4级20分 5级25分			

	序号	行为指标	权重	指标说明	考核评分	自评	上级	结果
行为绩效	2	保密工作	25%	1级：了解公司商业机密的范围及要点 2级：工作期间遵守公司保密制度，并积极传播正能量 3级：不利用商业机密换取个人利益，不泄露公司发展的核心技术及发展战略等重要信息 4级：严格维护公司商业机密并有实际案例 5级：指导、教育他人做好商业保密工作	1级5分 2级10分 3级15分 4级20分 5级25分			
	3	责任感	25%	1级：承认结果，而不是强调愿望 2级：承担责任，不推卸、不指责 3级：主动着手解决问题 4级：勤于思考，善于优化业务流程 5级：有防范意识，并做到相应的防范措施	1级5分 2级10分 3级15分 4级20分 5级25分			
	4	清财	25%	1级：不违反财务制度 2级：不出现任何财务问题，并严格监督他人 3级：不因自身利益而损害公司的经济利益 4级：不影响工作质量的前提下主动节省各项开支 5级：财务高度透明化，对其他成员产生震撼力与威慑力	1级5分 2级10分 3级15分 4级20分 5级25分			
	加权合计							
总分	总分 = 业绩考核得分 × 80% + 行为考核得分 × 20% =							
考核人	签字： 　年　　月　　日							

10.1.5 >>> 案例：面向管理者的绩效考核

H公司是一家服装公司，凭借先进的经营理念，H公司飞速发展，在许多省市都设立了分公司及营业网点。但是，H公司的绩效管理体系却存在诸多问题，管理者特别是中层管理者缺乏执行力，导致公司的发展战略无法正确被传达，员工人心不齐。再加上绩效考核体系不完善，无法科学、有效地对中层管理者进行绩效评估，造成公司出现了"中层塌陷"的现象。

针对这一问题，H公司制定了公司中层管理者的绩效考核方案，如表10-8所示。H公司将绩效考核指标分为定量与定性两方面，定量指标包括工作数量、工作质量等；定性指标包括责任感、团队建设、协调能力等。

表 10-8　中层管理者绩效考核方案

部门		考核时间					得分	
姓名		职位						
考核指标	分值	评价依据	评分标准				自我评分	上级管理者评分
			A 优秀	B 良好	C 合格	D 不合格		
工作业绩	工作质量	10	工作质量与目标计划一致，未出现差错	10 ~ 9	8.5 ~ 8	7.5 ~ 6	5.5 ~ 0		
	工作数量	10	工作量达到了目标计划	10 ~ 9	8.9 ~ 8	7.5 ~ 6	5.5 ~ 0		
	信息反馈	5	按公司高层领导要求修订与调整目标，反馈及时	5 ~ 4.5	4 ~ 3.5	3.5 ~ 3	2.5 ~ 0		
	工作汇报	5	对日常工作全面考察，汇报工作及时、准确、全面	5 ~ 4.5	4 ~ 3.5	3.5 ~ 3	2.5 ~ 0		
工作能力	组织能力	8	正确理解上级指令，制定方案，有计划地组织实施，实现目标	8 ~ 7	6.5 ~ 6	5.5 ~ 5	4.5 ~ 0		

续表

考核指标		分值	评价依据	评分标准				自我评分	上级管理者评分
				A 优秀	B 良好	C 合格	D 不合格		
工作能力	管理能力	8	职员分工合理、搭配高效	8 ~ 7	6.5 ~ 6	5.5 ~ 5	4.5 ~ 0		
	指挥能力	8	充分调动职员工作积极性和创造性，指导属下改进工作	8 ~ 7	6.5 ~ 6	5.5 ~ 5	4.5 ~ 0		
	协调能力	8	能够与其他部门协作、配合、沟通来解决问题	8 ~ 7	6.5 ~ 6	5.5 ~ 5	4.5 ~ 0		
	团队建设	8	提高所领导部门或团队的精神面貌、业余能力与职业素养	8 ~ 7	6.5 ~ 6	5.5 ~ 5	4.5 ~ 0		
工作态度	敬业精神	5	爱岗敬业、任劳任怨	5 ~ 4.5	4 ~ 3.5	3 ~ 2.5	2 ~ 0		
	纪律性	5	严格遵守公司的各项规章制度	5 ~ 4.5	4 ~ 3.5	3 ~ 2.5	2 ~ 0		
	责任感	5	恪尽职守，敢于承担责任，对本部门和上级管理者负责	5 ~ 4.5	4 ~ 3.5	3 ~ 2.5	2 ~ 0		
	协作性	5	能够悉心听取各方面意见，努力改进工作	5 ~ 4.5	4 ~ 3.5	3 ~ 2.5	2 ~ 0		
综合素质	专业技能	3	业务能力能够胜任目前的岗位工作	3	2.5	2	1.5		
	学习精神	3	自觉学习新知识、新技能以及公司文化等	3	2.5	2	1.5		
	品德修养	2	严守职业道德、社会公德，注重仪表、仪容，言谈举止行为得体	2	1.5	1	0.5		
	忠实度	2	对公司忠诚，严格保守公司的商业机密，不传播负能量	2	1.5	1	0.5		
上级管理者确认签名： 年 月 日				被考核人确认签名： 年 月 日				小计	
								平均分	

H公司制定了一套针对公司中层管理者的科学的绩效考核方案，使中层管理者明确了公司高层管理者对自己的绩效期望，同时，条分缕析的评估指标也使中层管理者的工作内容更加清晰。科学的绩效考核方案为H公司提供了监督、指导员工绩效的途径，其他公司可以此成功经验为参考，制定自己的中层管理者的绩效考核方案。

10.2　如何考核员工

　　绩效考核的责任并不全在HR，HR充当的更多是指导者的角色。对于员工的绩效考核，各部门管理者要自己当家做主，经营好自己的团队。

　　公司的发展规模很大程度上取决于基层员工的力量，因为他们是公司效益的直接创造者。因此，一套公平公正的基层员工绩效考核方案，不仅可以考察基层员工的工作能力、工作表现，还可以以此为激励依据，制定奖励方案，激发基层员工的工作热情。

10.2.1 >>> 如何考核生产领域的员工

　　以生产领域的员工的绩效考核为例，部门管理者在对生产领域的员工进行绩效考核时，先要明确员工的岗位职责。生产领域的员工的岗位职责具体可分为以下四个方面。

（1）完成生产任务

　　员工需要根据车间的工作计划和本部门管理者的安排，严格按照工艺流程和操作规范，安全、及时、保证质量的完成生产任务。

（2）设备管理

员工需要负责生产设施的使用、检修、维护、保养等工作，另外员工在使用完相关工具、模具后应及时归位，定点存放。

（3）积极参加培训

员工需要积极参加公司、部门组织的各类指导、教育、培训活动。

（4）其他职责

员工需要负责车间、操作台、机床等的日常清洁工作，以及管理者交办的其他工作。

明确岗位职责以后，部门管理者需要设置员工的考核指标，然后根据考核指标和工作职责设计相应的绩效考核方案。生产领域员工的绩效考核方案如表10-9所示，该考核方案把员工的绩效考核指标分为生产任务、生产安全、质量管理、卫生管理、职业素养、配合度六个部分，每个部分又细分成多个小指标。每项指标都有对应的具体要求，在考核时由本部门管理者评分。

表 10-9　生产领域的员工的绩效考核方案

被考核人姓名			职位		部门		
考核人姓名			职位		部门		
序号	考核指标	分值	评价标准			具体依据	考核得分
1	生产任务	30	（1）不能按时完成生产任务，每次减5分 （2）每月产量排名比上月进步1～3名的加3分，进步4名以上的加5分				
2	生产安全	20	（1）发生一般性安全生产事故扣15分，发生重大安全事故本项不得分 （2）不遵守安全操作规程及工艺流程，未造成重大损失及不良影响，发生1次减2分，发生2次以上减5分；造成重大损失或不良影响本项不得分				

续表

序号	考核指标	分值	评价标准	具体依据	考核得分
3	质量管理	20	（1）出现客户质量问题投诉，本项不得分 （2）出现客户现场投诉情况，得15分 （3）出现产品报废情况，得15分 （4）产品出现质量问题导致返工，得10分		
4	卫生管理	10	（1）班后不值日，每次减2分 （2）工具、磨具等不按规定放置，每次减2分 （3）个人物品不按规定放置，每次减2分		
5	职业素养	10	（1）工作期间串岗、脱岗，每次减2分 （2）未穿工服或未使用规定的防护用具，每次减2分 （3）未经同意，私自带无关人员进入车间，每次减5分		
6	配合度	10	（1）工作未完成却没有及时向管理者反映，每次减2分 （2）不服从管理者合理的工作安排，每次减2分 （3）请假、调岗、交接班时未做好交接工作，影响生产或发生其他不良影响，每次减2分		
本次考核总得分					

10.2.2 >>> 如何考核营销领域的员工

以销售人员的绩效考核为例，部门管理者在对销售人员进行绩效考核时，先要明确销售人员的岗位职责。销售人员的岗位职责具体可分为以下三个方面。

（1）销售任务

销售人员需要了解客户需求，挖掘潜在客户，根据部门管理者的要求和市场行情，制订自己的销售计划，完成管理者安排的销售指标。

（2）客户服务

销售人员需要耐心、热情的服务客户，树立公司良好的品牌形象；定期联系、回访已经购买和使用产品的客户；对于客户提出的问题予以反馈和解决，必要时与公司的相关部门沟通、协调。

（3）合同管理

销售人员需要做好客户的立档、存档工作；负责销售合同的签订，并妥善保管好已签订的销售合同。

明确岗位职责之后，部门管理者需要设置销售人员的考核指标，然后根据考核指标和工作职责设计相应的绩效考核方案。销售人员的绩效考核方案如表10-10所示，该考核方案把销售人员的绩效考核指标分为定性指标、定量指标与工作能力三大模块，每个模块又细分成多个小指标。每项指标都有对应的具体要求，在考核时采用自评、本部门评分相结合的方式。

表 10-10　销售人员绩效考核方案（月度）

考核项目	考核指标	考核标准	满分	实际完成数值	完成比率	部门评分		备注
						部门	得分	
定量考核指标	销售完成率	本月任务__万元	30	实际销售额__万元		财务		销售完成率 = 实际完成销售额 ÷ 销售任务 ×100%
	销售增长率	上月销售额__万元	10	本月销售额__万元		财务		增长率 =（本月销售额 － 上月销售额）÷ 上月销售额的绝对值 ×100%
	回款完成率	实际回款金额 / 计划回款金额	15	本月回款额__万元		财务		完成比率 = 实际完成回款额 ÷ 计划回款额 ×100%
	新客户开发率	实际开发客户 / 计划开发客户	10	__户		销售		完成比率 = 实际新客户数 ÷ 任务 ×100%

续表

考核项目	考核指标	考核标准	满分	实际完成数值	完成比率	部门评分		备注
						部门	得分	
定量考核指标	呆账客户比例	呆账客户数量/客户总数	5	___户		销售		呆账客户比例 = 两个月未出货客户数/客户总数

考核人签字：

　　　　　　　　　　　　　　　　　　　　　　　　　　　　　年　　　月　　　日

考核项目	考核指标	考核标准（评分部门填写）	满分	实际完成数值	总分	自评得分	部门评分		备注
							部门	得分	
定性指标	团队协作	个人利益服从集体利益	3	违规___次			销售		出现由于个人原因而影响整个团队工作的情况，本项不得分
	销售制度执行	按公司销售制度执行	3	违规___次			销售		每违规一次，减1分
	客户回访	每两个月回访一次客户	5	违规___次			销售		有客户两个月以上未被回访，本项不得分
	参加培训、会议、活动	培训___次开会___次活动___次	5	违规___次			销售		公司或本部门组织的各种培训、会议、活动，每缺席一次减2分，除出差、请假外
	出勤率	迟到次数	5	迟到___次			人资		出勤率达到100%（出差不计），得满分，迟到超过3次，该项不得分
	日常行为规范	公司各项规章制度	3	违规___次			人资		所有现行制度，违反一次，该项不得分
	客户满意度	顾客投诉次数	3	投诉___次	—		销售		出现客户投诉情况，该项不得分

续表

考核项目	考核指标	考核标准（评分部门填写）	满分	实际完成数值	总分	自评得分	部门评分		备注
							部门	得分	
定性指标	服从安排	对领导安排的尊重态度	3	违规__次	—		销售人资		听从领导合理安排，有恶意违背情况，该项不得分
工作态度	责任感	0分：工作马虎，不能保质、保量地完成工作任务且工作态度极不认真 1分：自觉地完成工作任务，但工作中有失误； 2分：自觉地完成工作任务且对自己的行为负责 3分：除了做好自己的本职工作外，还主动承担公司内部的额外工作					销售		无
	专业知识	0分：只了解公司产品信息 1分：了解本行业及公司的产品 2分：熟练地掌握本岗位所具备的专业知识，但对其他相关知识了解不多 4分：熟练掌握专业知识及其他相关知识					销售		无
工作能力	分析判断能力	0分：较弱，不能及时做出正确的分析与判断 1分：一般，能对问题进行简单的分析和判断 2分：较强，能对复杂的问题进行分析和判断，但不能灵活地运用到实际工作中 4分：强，能迅速地对客观环境做出较为正确的分析与判断，并灵活运用到工作中去					销售		无
	沟通能力	0分：不能清晰地表达自己的思想和想法 1分：有一定的说服能力 2分：能够有效地化解矛盾 4分：能够灵活运用多种谈话技巧和他人进行有效沟通					销售		无

续表

考核项目	考核指标	考核标准（评分部门填写）	满分	实际完成数值	总分	自评得分	部门评分		备注
							部门	得分	
工作能力	应变能力	0分：缺少应变能力，反应不灵活 1分：对个别问题能够随机应变 2分：工作中遇到的突发事件基本上都能够处理，但有时也有失误 4分：面对客观环境的变化，能够灵活地采取相应措施					销售		无
考核人签字： 年 月 日									

10.2.3 >>> 如何考核行政领域的员工

以人事专员的绩效考核为例，部门管理者在对人事专员进行绩效考核时，先要明确人事专员的岗位职责。人事专员的岗位职责具体包括以下几个方面。

① 人事专员需要执行公司的人事制度，依照公司和本部门管理者的要求，做好各部门的培训、发放薪酬、管理保险与福利等工作。

② 人事专员需要组织并配合其他部门的进行招聘、培训和绩效管理等工作。

③ 人事专员需要完成员工入职、离职、调岗等相关人事变动工作。

④ 人事专员需要管理并维护员工的个人信息和人事档案。

明确岗位职责以后，部门管理者需要设置人事专员的考核指标，然后根据考核指标和工作职责设计相应的绩效考核方案。人事专员的绩效考核方案如表10-11所示，该考核方案把人力资源专员的绩效考核指标分为任务绩效与能力绩效两大模块，每个模块又细分成多个小指标。每项指标都有对应的权重和评分等级，在考核时由本部门管理者评分。

表 10-11　人事专员绩效考核方案

考核项目		考核说明	权重	评分					得分（评分×10）
				优秀	良好	及格	不及格	评分	
任务绩效80%	日常工作	及时提交工作计划，并能够按时完成工作计划的为优秀；比较及时地提交工作计划，但基本能够按时完成工作计划的为良好；能够提交工作计划，但是不能够按时完成的为及格；不能够提交工作计划也不能够按时完成工作的为不及格	10%	10 ~ 9	8 ~ 7	6 ~ 5	4 ~ 0		
	招聘工作完成率	招聘工作完成率 = 当期招聘工作完成次数 / 当期招聘员工总数 ×100%，90% 以上为优秀；高于80%，不足90% 为良好；高于70%，不足80% 为及格；低于70% 为不及格	20%	10 ~ 9	8 ~ 7	6 ~ 5	4 ~ 0		
	员工入职、转正、离职、调岗等手续办理	无差错与冲突为优秀；发生1 ~ 3次轻微差错或冲突为良好；发生4 ~ 6次轻微差错为及格；多于6次为不及格；造成严重后果的0分	15%	10 ~ 9	8 ~ 7	6 ~ 5	4 ~ 0		
	合同管理	无差错为优秀；1 ~ 3次轻微差错为良好；4 ~ 6次轻微差错为及格；多于6次为不及格；造成严重后果的0分	10%	10 ~ 9	8 ~ 7	6 ~ 5	4 ~ 0		
	薪酬核算	无差错为优秀；1 ~ 3次轻微差错为良好；4 ~ 6次轻微差错为及格；多于6次为不及格；造成严重后果的0分	20%	10 ~ 9	8 ~ 7	6 ~ 5	4 ~ 0		

续表

考核项目		考核说明	权重	评分					得分（评分×10）
				优秀	良好	及格	不及格	评分	
任务绩效80%	工资报表提交及时率	工资报表提交及时率 = 提交及时的次数 / 应提交总数 ×100%，90% 以上为优秀；90% 以上为优秀；高于 80%，不足 90% 为良好；高于 70%，不足 80% 为及格；低于 70% 为不及格	5%	10 ~ 9	8 ~ 7	6 ~ 5	4 ~ 0		
	员工保险、福利核算	无差错为优秀；1 ~ 3 次轻微差错为良好；4 ~ 6 次轻微差错为及格；多于 6 次为不及格；造成严重后果的 0 分	15%	10 ~ 9	8 ~ 7	6 ~ 5	4 ~ 0		
	人事档案归档率	人事档案归档率 = 及时归档的次数 / 应归档的总数 ×100%，90% 以上为优秀；高于 80%，不足 90% 为良好；高于 70%，不足 80% 为及格；低于 70% 为不及格	5%	10 ~ 9	8 ~ 7	6 ~ 5	4 ~ 0		
能力绩效20%	执行能力	能及时、高效完成领导交办的任务为优秀；偶尔一两次不能及时完成的为良好；完成各项目标不及时，经领导指导后基本完成的为及格；执行中出现重大失误，给工作带来负面效应的为不及格	30%	10 ~ 9	8 ~ 7	6 ~ 5	4 ~ 0		
	工作态度	工作积极主动，经常提前完成任务的为优秀；工作较为主动且平稳的，基本能够按时完成的为良好；不主动，需要上级督促才能完成的为及格；上级催促仍不能完成工作的为不及格	40%	10 ~ 9	8 ~ 7	6 ~ 5	4 ~ 0		

续表

考核项目		考核说明	权重	评分					得分（评分×10）
				优秀	良好	及格	不及格	评分	
能力绩效20%	与其他部门合作及协调能力	其他部门需要协助时，能及时作出安排的为优秀；基本能够配合相关部门完成工作的为良好；与其他部门合作不顺畅，但基本能够完成工作的为及格；无法与其他部门协作完成工作的为不及格	20%	10~9	8~7	6~5	4~0		
	日常考勤	无迟到、早退现象，遇事外出或不能上班必须请假，有迟到或早退的每次扣2分，旷工一天的每次扣5分，扣完为止	10%	10~9	8~7	6~5	4~0		
等级	优秀（ ） 良好（ ） 一般（ ） 合格（ ） 不合格（ ）								

10.2.4 >>> 如何考核财务领域的员工

以财会人员的绩效考核为例，部门管理者在对财会人员进行绩效考核时，先要明确财会人员的岗位职责。财会人员的岗位职责具体包括以下几个方面。

① 财会人员需要为公司做月度、季度、年度等财务预算，审核公司各类收支款项。

② 财会人员需要负责公司的各项报账工作。

③ 财会人员需要负责公司内部以及对外的各项拨款业务。

④ 财会人员需要保管、预算公司的固定资金。

⑤ 财会人员需要编制财务报表，提交给有关部门，以供审查。

⑥ 财会人员需要定期核算公司的往来账目。

明确岗位职责以后，部门管理者需要设置财会人员的考核指标，然后根据考核指标和工作职责设计相应的绩效考核方案。财会人员的绩效考核方案如表10-12所示，该考核方案把财会人员的绩效考核指标分为业务绩效与行为绩效两大模块，每个模块又细分成多个小指标。每项指标都有对应的权重和评分等级，在考核时采用自评和本部门管理者评分相结合的方式。

表 10-12　财会人员的绩效考核方案（月度）

姓名			岗位				
	序号	考核项目	权重	目标值要求	评分等级	得分		
						自评	上级	结果
业务绩效	1	日常收支审核	10%	（1）审核报账单据的真实性、准确性、完整性 （2）审核财会人员凭证与所附的原始单据是否齐全、金额是否一致，审批手续是否齐全 （3）审核无误票据的登记、传递工作	按要求完成10分；个别差错，不影响整体数据5分；有差错，影响整体数据2分；严重差错0分			
	2	财务管理	20%	（1）设置核算账簿体系，协助研发、生产、采购、销售等其他部门完成相关票据的填写制定、审核 （2）编制日常费用类财会人员凭证、月末结转凭证 （3）完成日常查账，确保财务记录的准确无误 （4）核算总账及相关明细账 （5）编制财务月度报表，并确保数据准确	全部完成20分；完成4项16分；完成3项12分；完成2项8分；完成1项4分；均未完成0分			
	3	回款货款管理	10%	（1）核查公司的回款情况；纳税申报无延误 （2）每月供应商货款付款单据的核对工作，配合出纳做好货款付款工作	按要求完成10分；1项未达标5分；2项均未达标0分			
	4	合同管理	5%	每月合同内容与金额审批内容一致，金额准确无误，合同登记、业务回款	按要求完成得5分；未达标得0分			

续表

	序号	考核项目	权重	目标值要求	评分等级	得分		
						自评	上级	结果
业务绩效	5	财务资料管理	5%	（1）根据审核无误的原始凭证填写记账凭证，并登记相关明细账簿、银行日记账等工作 （2）月末装订凭证做好保管工作，以备查账 （3）材料报价单、经济合同、契约的管理工作 （4）其他财会人员资料的建档、保管工作	按要求完成5分；有差错0分			
	6	纳税申报	20%	（1）按照财税要求，每月根据时间要求提前做好票据收集，规整，及时提供给财务代办公司，做好申报工作 （2）管理好发票开具数额，不能出现因计划平衡不合理导致发票的不能正常开具 （3）因需要发票及财税变更、申请、升级等工作，必须有计划地提前完成，不能影响发票的正常开具，造成财税风险	按要求完成20分；个别差错，不影响整体数据15分；有差错，影响整体数据得10分；严重差错0分			
	7	工资核算	5%	（1）每月10日前核算工资完毕，确保数据准确无误，报总经理审批 （2）结算员工工资，每月15日完成，周末及节假日顺延	2项完成得5分；1项出错得0分			
	8	现金清点	15%	（1）月初清点出纳手中现金并编制报表 （2）编制银行对账单 （3）编制现金月报表	按要求及时完成得15分；个别差错，不影响整体数据5分；未按要求完成得0分			
	9	制度建设	5%	协助财务部门管理者建立、健全公司各项财务制度，监督、落实公司有关财务制度的制定、执行工作	根据实际结果评分			
	10	学习力	5%	加强财务知识的学习，提高业务能力，规避风险	根据个人表现评分			
	加权合计							

续表

	序号	行为指标	权重	指标说明	考核评分	自评	上级	结果
行为绩效	1	清财	50%	1级：不违反财务制度 2级：没有任何财务问题，并主动接受监督 3级：不因自身利益损害公司的经济利益 4级：不影响工作质量的前提下，主动节省各项经费 5级：因为财务明磊，对其他成员产生影响力与威慑力	1级 10分 2级 20分 3级 30分 4级 40分 5级 50分			
	2	保密制度	50%	1级：不违反财务制度 2级：不出现任何财务问题，并严格监督他人 3级：不因自身利益而损害公司的经济利益 4级：不影响工作质量的前提下主动节省各项开支 5级：财务高度透明化，对其他成员产生震撼力与威慑力	1级 10分 2级 20分 3级 30分 4级 40分 5级 50分			
	加权合计							
总分	总分 = 业务绩效得分 ×80%＋行为绩效得分 ×20%＝							
考核人	签字：					年　　月　　日		

10.2.5 >>> 如何考核品控领域的员工

以质量检验员的绩效考核为例，部门管理者在对质量检验员进行绩效考核时，先要明确质量检验员的岗位职责。质量检验员的岗位职责可分为以下四个方面。

（1）对产品、原材料质量严格把关

质量检验员需要结合公司对原材料与产品的质量要求，对原材料与产品进行

严格检测，明确检测方式以及出现不合格情况的处理办法。

（2）客户服务

质量检验员需要了解、汇总、分析客户对产品质量的意见与建议，针对性地改进和完善质量检测工作，确保产品质量满足客户需求。另外，质量检验员还需要按照公司要求，协助客服部一同处理客户投诉。

（3）改进和完善品质工作

质量检验员需要根据公司的总体发展战略，协助本部门管理者完成质量认证体系的构建，确保公司质量目标的实现。

（4）防范、杜绝质量事故

在发生质量事故后，质量检验员需要协助本部门管理者进行调查、分析，总结经验教训，制定对应的防范措施与应对预案。

明确岗位职责以后，部门管理者需要设置质量检验员的考核指标，然后根据考核指标和工作职责设计相应的绩效考核方案。质量检验员的绩效考核方案如表10-13所示，该考核方案把质量检验员的绩效考核指标分为检测规范管理、检验成本管理、检验的有效性、应变能力与工作态度五大模块，每个模块又细分成多个小指标。每项指标都有对应的具体要求，在考核时由本部门管理者评分。

表 10-13 质量检验员的绩效考核方案

被考核人：			考核时间： 年 月 日			
序号	考核标准	考核细则		奖扣分值	实得分	备注
1	检验规范管理	不按流程检验，检验记录填写不规范、填写不认真，需检验员签字确认单据未确认等，每出现一次扣1分		5		
		不合格产品未加标示，影响产品质量，每出现一次扣2分		10		

续表

序号	考核标准	考核细则	奖扣分值	实得分	备注
1	检验规范管理	负责跟踪产品生产过程质量状态，严格控制不合格产品产生，每违反一次扣3分	15		
		原材料、成品漏检，或不按检验流程检验，对检验工具不维护、保管，每出现一次扣2分	10		
		检验工作不及时，未在规定的时间内完成，每出现一次扣1分	5		
2	检验成本管理	因检验员错检、误检，每出现一次扣2分	5		
		积极参与节能降耗，做好数据检测收集、上报工作，每违反一次扣1分	5		
3	检验的有效性	把关不严，导致不良品流入下一工序，造成重大质量事故，每出现一次扣3分	15		
		必须严把质量关，配合各工序将质量控制在工艺标准范围内，每违反一次扣1分	5		
		巡检过程中发现有违规操作应及时记录，漏记一次扣1分	5		
4	应变能力	能在检验过程发现问题，抓住关键，找准最佳处置办法，并及时上报处理，每违反一次扣1分	5		
		发生突发情况能够独立思考解决，及时与相关人员沟通，每违反一次扣1分	5		
5	工作态度	爱岗敬业，工作积极，承担部分额外工作，每违反一次扣1分	5		
		以饱满的热情投入工作,协调好与其他同事关系，每违反一次扣1分	5		
6		绩效考核总分	100		

考核人签字：
　　日期：

10.2.6 >>> 如何考核研发领域的员工

以研发人员的绩效考核为例，部门管理者在对研发人员进行绩效考核时，先要明确研发人员的岗位职责。研发人员的岗位职责可分为以下四个方面。

（1）市场调研

研发人员需要负责搜集与产品有关的市场信息，关注产品最新动向，协助本部门管理者为公司开发新产品提供技术支持。

（2）产品研发

研发人员需要绘制、校对、修改图纸，完成公司的新技术引进与新产品研发工作。

（3）工艺优化

研发人员需要结合公司的生产设施与生产技术，制定、优化产品的生产工艺，及时完成新产品的中试放大工作，实现研发与生产的对接。

（4）新产品评估

研发人员需要考量新产品在研发、生产、使用过程中是否会产生环境污染和安全问题。如有问题，研发人员应与本部门管理者及时沟通，并协调其他部门做出针对性的调整。

明确岗位职责以后，部门管理者需要设置研发人员的考核指标，然后根据考核指标和工作职责设计相应的绩效考核方案。研发人员的绩效考核方案如表10-14所示，该考核方案把研发人员的绩效考核指标分为业务能力、工作统筹安排能力、决策能力与解决力、沟通能力、发展潜能、风险控制能力、创新能力、工作态度八大模块。每个模块对应了具体的要求，考核采用自评和本部门管理者评分相结合的方式。

表 10-14　研发人员的绩效考核方案

序号	考核指标	指标要求	分值	评分 自评	评分 上级	备注
1	业务能力	具备研发人员所需的专业知识和基本技能	30			
2	工作统筹安排能力	根据本部门管理者安排，制订工作计划，抓住重点、兼顾平衡，保证个体项目符合整体项目的数量、质量要求	15			
3	决策能力与解决力	根据市场需求以及公司的具体情况做出关于本职工作的科学决策；有效解决专业问题、技术问题，及时、果断地解决突发事件	10			
4	沟通能力	能够在公司内部以及公司与客户之间进行有效、完整的工作沟通与技术支持	10			
5	发展潜能	积极了解、探讨研发领域的前沿科学与最新发展动态，不断提高自身的研发能力	5			
6	风险控制能力	在工作中，能够能及时预见潜在问题与风险，并能够找到解决办法	10			
7	创新能力	在公司的产品研发、技术设计、工作流程、工作品质等工作方面具有创新意识	10			
8	工作态度	严格遵守和执行公司的各项规章制度，工作积极主动，维护公司利益	10			
自评得分：			上级评定得分：			
综合意见						

10.2.7 >>> 案例：员工绩效考核方案制定经验

K公司是一家民营餐饮公司，公司由总公司和6家子公司组成，现有员工3000多人。在公司不断扩大的过程中，K公司内部的管理问题逐渐凸显出来，由于绩效管理体系的缺失，K公司缺乏针对性的绩效考核方案，员工的日常工作没有相应的衡量标准，导致很多基层员工工作作风散漫、工作不积极，严重影响了公司的进一步发展。

结合公司的实际情况，经过缜密的调研，K公司制定了科学、有效的绩效管理体系，将绩效指标与行为规范相结合，对基层员工进行科学、全面的绩效考核，具体方案如表10-15所示。K公司将绩效考核指标分为定性与定量两个方面，定性指标包括工作行为与态度，具体可分为责任感、勤奋度、忠诚度、遵守纪律四个方面；定量指标包括工作能力与效果，可分为团队意识、执行力、工作效率、综合素质四个方面。

表 10-15　基层员工绩效考核方案

考核要素		考核要点	评分标准	
			评价	标准分
工作行为与态度45分	责任感	有强烈的责任感，能够按时、保质、保量地完成工作目标	优	13 ~ 11
		有责任感，可放心交付工作	良	10 ~ 8
		责任感不强，但基本能完成工作	合格	7 ~ 3
		无责任感，自由散漫，经常不能按时完成工作目标	差	2 ~ 0
	勤奋度	任劳任怨，爱岗敬业	优	12 ~ 11
		守时守规，不偷懒，积极工作	良	10 ~ 8
		时间观念不强，主动积极性不够，但有人督促能够完成工作	合格	7 ~ 3
		经常脱岗、迟到，工作偷工减料	差	2 ~ 0
	忠诚度	对公司的现状和前途有信心，无私奉献	优	10 ~ 9
		视承担的工作和责任为重，而不仅仅是谋生手段	良	8 ~ 6
		言行规范，无泄漏公司商业机密等不良行为	合格	5 ~ 3
		自我意识强，有泄漏公司商业机密等不良行为	差	2 ~ 0

续表

考核要素		考核要点	评分标准	
			评价	标准分
工作行为与态度 45分	遵守纪律	遵守公司规章制度，并能够指导、提醒他人遵守	优	10 ~ 9
		遵守公司规章制度，有事能够及时请假，无迟到、无早退	良	8 ~ 6
		偶尔违反公司规章制度	合格	5 ~ 3
		经常违反公司规章制度、考勤制度	差	2 ~ 0
工作能力与效果 55分	团队意识	善于团结合作，起带头作用，发挥部门优势	优	12 ~ 11
		尚能与他人合作，保证完成工作目标	良	10 ~ 8
		缺乏合作意识，但能够勉强配合他人完成工作目标	合格	7 ~ 3
		很难与他人合作，经常导致工作目标无法完成	差	2 ~ 0
	执行力	快速执行管理者交办的各项工作，办事高效、执行力强	优	15 ~ 13
		能够执行管理者交办的各项工作，自觉按时完成工作	良	12 ~ 9
		执行力度一般，需督促	合格	8 ~ 5
		执行力差，态度不积极	差	4 ~ 0
	工作效率	完成交办的工作精确，速度快，质量高，没有差错	优	15 ~ 13
		能分清主次，按时、按质完成任务，效果满意	良	12 ~ 9
		能够在管理者指导和督促下完成工作目标，工作偶有差错	合格	8 ~ 5
		工作不分主次，效率低，时有差错	差	4 ~ 0

续表

考核要素		考核要点	评分标准	
			评价	标准分
工作能力与效果55分	综合素质	积极学习，有创新意识，并通过创新为公司创造效益	优	13 ~ 11
		勤于思考，时常提出合理化建议	良	10 ~ 8
		具备完成工作目标的各项基本素质	合格	7 ~ 5
		各方面无突出表现，业务能力有待提高	差	4 ~ 0

备注：

1. "100≥分数≥90"段为"满足职位要求"，因此各部门员工考核结果的主流应控制在该分数段内。

2. "分数 < 70"段为"离目标设定有差距"的范围，该部分为少数人员，部门应分别控制在10%以内。

K公司针对基层员工出现的工作作风散漫、工作不积极的现象，制定了一系列绩效考核标准，将公司对基层员工的要求细化。绩效考核体系与公司的实际情况完美结合，既确保了绩效考核工作能够真正落到实处，又确保了整个公司的战略目标能顺利实现。

第**11**章

绩效改进：
有针对性地进行提升

绩效考核的结束并不是绩效管理的终点。于部门管理者而言，绩效考核反映了员工工作中存在的问题，部门管理者需要协助其制订改进计划，提高绩效。于HR而言，绩效管理是一项长期的工作，绩效考核运行的结果好不好，需要HR做出专业的分析和评价，只有理清楚本次考核的缺陷，才能在下一次考核时有针对性地改进绩效考核方案，提高绩效管理水平。

11.1 什么是绩效改进

绩效改进是实施绩效管理的目的之一，绩效不是为了扣员工钱，而是为了实现企业的目标。既然要实现企业的目标，所以就需要持续地改进。不求一步成功，但求日进一步，只要每次都能在前一次的基础上有所进步，有所改观，公司的绩效管理一定会日臻完善。

11.1.1 >>> 常用的绩效改进方法

绩效考核的目的是找出员工工作的不足之处，加以改进，因此，绩效考核的重点不在于"考"，而在于"优化"。部门管理者作为员工绩效考核的直接负责人，需要在绩效考核结束后与员工进行反馈面谈，协助其设定工作目标，改进绩效计划，这就是常说的绩效改进。常用的绩效改进方法有目标比较法、水平比较法、横向比较法。

（1）目标比较法

目标比较法是根据被考核员工完成工作目标的情况来进行考核的。在开始工作之前，部门管理者和被考核员工要对工作内容、时间期限、考评标准达成一致，然后将考评期内员工的实际工作表现与绩效目标进行对比，找到实际工作效果与目标的差距，最终依据结果给出相应的解决方法。

目标比较法既可以从内容、层次和时间上分期、分层、分阶段进行，又可以进行综合比较。部门管理者需要将绩效目标进行量化，形成具体的标准，使目标能进行直观比较。

例如，一家淘宝店铺主营电子产品，旗下产业涉及手机、电脑、平板电脑、电子表等，公司设有专门的部门负责销售不同种类的产品。

该公司在某月做绩效评估时发现，手机部的员工小张已经连续三个月绩效为D，但小张自己所提交的绩效目标均为A。通过目标与实际绩效的比较可以发现，小张的工作出现了较大的问题，但小张本人并不觉得。部门管理者与小张多次沟通后，找到了问题所在。原来是公司更换了客服标准，小张错过了前期的相关培训，对规定不够熟悉，所以才频频出错，于是部门管理者重新安排小张参加了新客服标准的培训。

（2）水平比较法

水平比较法按照参照物的不同分为两种模式：一种模式是以被考核员工上一次的绩效作为参照物，将考评期内被考核员工的这一次实际业绩与上一次的实际业绩进行比较，衡量员工的进步或差距。这有助于员工认清目标和实际的差距，找到自己的问题所在，及时改进，增强自己在工作中的竞争力。

同样以前文提到的淘宝店铺为例，该公司手机部的某员工上月的销售业绩水平为B，共成交了一百二十多笔交易，但通过对比发现，虽然该员工这个月的业绩依然被评为B，但总成交数量比上个月少了三分之一。经部门管理者沟通发现，之所以会出现这一问题，是因为该员工在工作时带入了个人情绪，导致不少客户投诉他，拉低了他的整体绩效水平。

另一种模式是以被考核员工同一部门、同一岗位的同事为参照物，通过员工之间业绩的对比，找出绩效差距。通过员工之间互相传授经验、树立榜样，找到改进绩效的方法，从而提高员工工作的积极性和主动性。

部门管理者在运用水平比较法进行绩效分析时，要排除外在因素的影响，如请假、工龄等，选择最合适的参照物。

（3）横向比较法

横向比较法是指在同一部门或单位内，部门管理者按照统一标准对各员工进行横向比较。在使用这种方法时应注意，不同对象进行比较的前提条件是必须

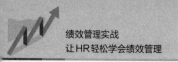
是同类或具有相同性质或处于同一时间区间内的对象。

横向比较法的目的同样是为了分析绩效目标与实际工作效果的差距。因此，部门管理者在对员工进行比较时，需要找到员工的共性与特性，同时要注意绩效的可比性，保证在统一的标准上进行比较，否则就失去了比较的意义。

依然以前文提到的淘宝店铺为例，该公司为了调动手机部员工的工作积极性，该部门的部门管理者决定在做某月的绩效评估时采用横向比较法，对部门中绩效最好的员工进行分析，将他的绩效数据作为衡量标准，找出其他员工与该员工的差距，并找出出现差距的原因，制订改进计划，从而改进整个部门的工作。

11.1.2 >>> 案例：京东绩效指标的改进

京东第一年举办"双十一"活动的时候，客服部门最大的问题是电话接通率比较低，顾客普遍反映客服电话打不通。活动过后京东统计发现，电话的接起率只有20%，这样肯定会造成客户满意度大打折扣。所以京东针对电话接起率较低的问题，重新制定了客服部门的考核指标，专门考核"电话接起率"，目标是下一年的"双十一"活动电话接起率从20%提升到80%。经过客服部一年的努力，通过引进设备、引进信息系统、增加人手、改进流程等方式，终于完成了当年"电话接起率"达80%的指标。

"电话接起率"提高后，京东又发现了新的问题，顾客普遍反映客服人员语速较快、耐心不足，这些问题都是设定电话接起率指标的后遗症。所以京东又修改了客服部门的绩效指标，不考核"电话接起率"，改成考核"顾客满意度"。

又过了一年，"顾客满意度"指标完成得非常好，顾客普遍反映客服人员的服务态度很好，但又出现了新的问题，就是顾客反映的问题迟迟不能得到解决。有顾客反映自己反映的问题是产品何时能送到，客服人员只是态度很好地让他多做等待，但就是解决不了实际问题。

于是，京东又给客服人员制定了新的考核指标，即"顾客问题解决率"。当

"顾客问题解决率"指标设定以后，所有客服人员的工作重心由以前的"顾客满意"转向了"问题解决"，服务质量大幅提升，受到了顾客的一致好评。

京东客服的绩效考核指标从一开始的"电话接起率"转变成"顾客满意度"，再转变成"顾客问题解决率"，每一次转变都代表企业服务标准的提升，代表着客服工作的不断改善。

11.2 制订绩效改进计划

绩效改进计划通常是在公司、部门管理者的帮助下，由员工自己制订。员工需要就当前的工作能力、成果和存在的问题，分析出现问题的原因，提出解决办法，并确定新目标，最后将所有内容落实到书面，待部门管理者审核后，汇总给HR。

11.2.1 >>> 为何会出现绩效差距

绩效差距是指绩效结果与绩效目标存在较大的偏差。在制订绩效计划之前，最重要的工作就是找出绩效差距，并分析绩效差距的幅度和产生的原因。常用的分析方法有以下四种。

（1）目标比较法

目标比较法是将员工的实际绩效与预期绩效目标做比较，找出绩效差距的方法。例如，淘宝客服当月的预期销售额是200单，实际销售额是150单，这50单就是绩效差距。

（2）历史比较法

历史比较法是将员工当下的绩效与以往的绩效进行比较，找出绩效差距的方

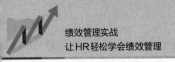
法。例如，某人力资源专员上个月的招聘达成率是90%，这个月是82%，这8%就是绩效差距。

（3）水平比较法

水平比较法是以被考核员工同一部门、同一岗位的同事为参照物，通过员工之间的绩效对比，找出绩效差距的方法。例如，某公司生产部员工，当月生产量为100件，而另一位员工当月生产量为80件，这20件就是绩效差距。

（4）纵向比较法

纵向比较法是以同类行业、规模相近的公司相同岗位的员工为参照物，通过员工之间的绩效对比，找出绩效差距的方法。例如，某公司的销售专员，当月平均销售额是5万元，而规模相近的同类公司，它们的销售专员当月平均销售额是8万元，这3万元就是绩效差距。

待找出绩效差距后，就要分析绩效差距产生的原因。通常绩效差距产生的原因有以下三种。

① 环境因素。指某些内部或外部因素导致员工未能实现预期的绩效目标。这些因素一般包括：员工没有获得足够的资源支持、员工面对了过大的外部压力、员工没有接受技术培训对绩效指标不明确等。当环境因素被证实后，部门管理者应先在权力范围内帮助员工排除一部分，然后再将无法处理的问题，上报给公司高层。

② 员工缺乏正确的激励会造成绩效差距。激励因素包括：员工的绩效考核结果没有相应的激励机制支持，如薪酬、福利等与绩效考核结果的关系不大；激励机制本身存在问题，不能公平奖惩员工等。完善的激励机制能让员工"劳有所得"，可以充分激发员工的主观能动性，促使员工在今后的工作中主动思考提高绩效的方法。

③ 个人因素。指员工因自身的短板导致未能完成绩效目标。个人因素包括：员工没有相关的工作经验、员工没有受到过专业培训、员工自身的专业知识不

过关等。对此，部门管理者可以帮助员工加强学习，如安排员工参加培训、传授员工工作经验、让老员工指导新员工工作等。

11.2.2 >>> 坚持五个基本原则

在制订绩效计划之前，HR应当对部门管理者和员工进行技术培训，明确一些知识性问题和注意事项。通常来说，绩效计划的制订应当遵循以下五个基本原则。

（1）平等性原则

平等性原则是指部门管理者与员工在制订绩效改进计划时处于平等地位，双方为员工改进绩效承担同样的责任。

（2）主动性原则

主动性原则是指因员工对自己的工作最有发言权，所以在制订绩效改进计划时，部门管理者需要充分发挥员工的主观能动性，尊重、听取员工自己的意见。

（3）指导性原则

指导性原则是指在制订绩效改进计划时，部门管理者要充当老师和教练的角色。部门管理者要以公司的经营计划和部门的绩效目标为基础，结合员工的个人实际情况，为员工提出指导性建议，并提供相应的资源支持，为提升员工的绩效保驾护航。

（4）可行性原则

可行性原则是指绩效改进计划要有一定的可操作性，其制订过程要符合"SMART"原则，即做到具体、可度量、可实现、现实和有时限。

（5）发展性原则

发展性原则是指因绩效改进的目标着眼于未来，所以部门管理者在协助员工

制订绩效改进计划时要注重长远性、战略性，把员工的个人发展目标与公司的发展目标紧密联系在一起。

11.2.3 >>> 绩效改进实施步骤

绩效改进是整个绩效管理工作的升华，它可以帮助员工理清现在的工作状况，规避现有问题，在未来获得更好的工作效果。绩效改进的步骤可以分为以下五步。

（1）情况分析

部门管理者和员工在制订绩效计划之前需要对现有的工作情况进行分析，而不是直接进入改进环节。这一步可以让员工对当下的工作情况进行梳理，有逻辑地去改进绩效。

（2）寻找最佳标准

部门管理者和员工要找出当前工作的最佳绩效标准，可以以同事或其他公司员工的绩效考核成绩为参照，设置员工的新的绩效目标。

（3）研究最佳标准

部门管理者和员工要对最佳的绩效考核成绩进行分析，找出该员工做得好的原因、方法和秘诀。

（4）提炼最佳方法

部门管理者和员工要对最佳的工作方法进行提炼，将其变成可执行、可推广的通用方法，以此为模版，确定改进员工绩效的方法。

（5）制订书面绩效改进计划

部门管理者和员工确定的绩效改进计划最终应落实成书面的形式，如表11-1

所示，然后汇总到 HR 处归档保存，作为日后工作的依据。

表 11-1　绩效改进计划表

被考核人姓名	部门	职位	考核人姓名	考核周期
绩效中存在的不足				
原因分析与改进措施				
绩效改进计划				
绩效改进具体目标				
目标类	具体目标	目标结果	衡量标准	考核权重
业绩目标				
能力目标				
行为目标				
绩效改进完成时间 被考核人签字：　　　　日期：				
考核人签字：　　　　日期：				
人力资源签字：　　　　日期：				

第12章

绩效管理相关表格

　　为各部门制作和发放各种专业的考核表格是HR的日常工作之一。绩效管理使用到的表格大致可以分为三类：绩效考核表、绩效评价表和绩效申诉表。其中，绩效考核表和绩效评价表都是HR为考核者准备的表格，用来评判员工的表现，而绩效申诉表则是HR为对绩效考核、绩效评价存有疑虑的员工准备的表格，用于向上级申诉。

12.1 绩效考核表模板

绩效考核表是考核者对员工的工作表现进行统计并评分的表格，也可以用来判断员工与岗位的要求是否相称。常用的绩效考核表包括：基层员工季度绩效考核表、中高层管理者季度绩效考核表等。

12.1.1 >>> 基层员工季度绩效考核表

基层员工季度绩效考核表如表12-1所示。

表 12-1 基层员工季度绩效考核表

考核项目	考核内容	标准分值	自我评分	考核小组评分
工作要求	岗位必须的专业知识的掌握程度	5		
	到岗时间、工作标准、服务形象、行为规范的遵守和执行情况	5		
工作业绩	工作完成的情况是否符合要求	15		
	工作效率及承担工作量的大小情况	10		
工作能力	工作主次掌握是否合理及时间管理是否有效	5		
	对遇到问题的处理和解决措施是否灵活、有效	10		
工作态度	是否能自觉工作，是否能主动承担责任	15		
	是否乐于接受上级的管理及工作安排	5		
	是否积极参加各种培训	5		
	在无详尽指示、无人监督情况下的工作状态	5		
	与他人在工作的协作程度	10		
其他	根据员工的个人品德、工作激情、受挫折的心理承受能力以及综合素质和能力进行客观评价	10		
总评分		100		

12.1.2 >>> 中高层管理者季度绩效考核表

中高层管理者季度绩效考核表如表12-2所示。

表 12-2　中高层管理者季度绩效考核表

考核项目	考核内容	评分等级			
		好	较好	一般	较差
工作实绩评价	岗位职责范围完成情况				
	公司布置的任务完成情况				
	年度工作目标完成情况				
德能素质评价	思想理论水平：能掌握政策并指导工作				
	本职业务能力：熟悉本职与相关业务，能完成业务				
	组织协调能力：能合理安排工作，协调其他部门关系				
	调研综合能力：进行组织调查研究，提出对策				
	用人能力：能指导下级工作，并对下级作出公正评价				
	口头表达能力：口头表达逻辑清楚，有说服力				
	文字表达能力：能独立完成各种文字工作				
	法纪观念：廉洁奉公，遵守并维护法纪				
	改革创新能力：能接受新事物，工作有创造性				
自我述职评价	自我评价客观，对自身问题能认真分析				
	对今后努力方向明确，整改措施切实可行				
	综合评价等级				

12.1.3 >>> 基层员工年度绩效考核表

基层员工年度绩效考核表如表12-3所示。

表 12-3　基层员工年度绩效考核表

评价因素	对评价期间工作成绩的评价要点	评价尺度				
		优	良	中	可	差
务勤态度	A. 严格遵守工作制度，有效利用工作时间 B. 对新工作持积极态度 C. 忠于职守、坚守岗位 D. 以协作精神工作，协助上级，配合同事	14	12	10	8	6
受命准备	A. 正确理解工作内容，制订适当的工作计划 B. 不需要上级详细的指示和指导 C. 及时与同事及协作者取得联系，使工作顺利进行 D. 迅速、适当地处理工作中的失败及临时追加任务	14	12	10	8	6
业务活动	A. 以主人公精神与同事同心协力努力工作 B. 正确认识工作目的，正确处理业务 C. 积极努力改善工作方法 D. 不打乱工作秩序，不妨碍他人工作	14	12	10	8	6
工作效率	A. 工作速度快，不误工期 B. 业务处置得当，经常保持良好成绩 C. 工作方法合理，时间和经费的使用十分有效 D. 没有半途而废，不了了之和造成后遗症的现象	14	12	10	8	6
成果	A. 工作成果达到预期目的或计划要求 B. 及时整理工作成果，为以后的工作创造条件 C. 工作总结和汇报准确真实 D. 工作中熟练程度和技能提高较快	14	12	10	8	6

1. 通过以上各项的评分，该员工的综合得分是：_____分
2. 你认为该员工应处于的等级是（选择其一）：[　]A　[　]B　[　]C　[　]D
A：240 分以上　B：240～200 分　C：200～160 分　D：160 分以下
3. 考核者意见_____

考核者签字：_____　日期：_____年_____月_____日

12.1.4 >>> 中高层管理者年度绩效考核表

中高层管理者年度绩效考核表如表12-4所示。

表 12-4　中高层管理者年度绩效考核表

评价因素	对评价期间工作成绩的评价要点	评价尺度				
		优	良	中	可	差
务勤态度	A. 把工作放在第一位，努力工作 B. 对新工作持积极态度 C. 忠于职守、坚守岗位 D. 对部下的过失勇于承担责任	14	12	10	8	6
业务工作	A. 正确理解工作内容，制订适当的工作计划 B. 按照部下的能力和个性合理分配工作 C. 及时与有关部门进行必要的工作联系 D. 在工作中始终保持协作态度，顺利推动工作	14	12	10	8	6
管理监督	A. 在人事关系方面，部下没有不满或怨言 B. 善于放手让部下去工作，鼓励他们乐于协作 C. 十分注意生产现场的安全卫生和整理整顿工作 D. 妥善处理工作中的失败和临时追加的工作任务	14	12	10	8	6
指导协调	A. 经常注意保持提高部下的劳动积极性 B. 主动努力改善工作和提高效率 C. 积极训练、教育部下，提高他们的技能和素质 D. 注意进行目标管理，使工作协调进行	14	12	10	8	6
工作效果	A. 正确认识工作意义，努力取得最好成绩 B. 工作方法正确，时间和费用使用得合理有效 C. 工作成绩达到预期目标或计划要求 D. 工作总结汇报准确真实	14	12	10	8	6
考核结果	1. 通过以上各项的评分，该员工的综合得分是：_____分 2. 你认为该员工应处于的等级是（选择其一）： [　]A　[　]B　[　]C　[　]D A：240 分以上　B：240～200 分　C：200～160 分　D：160 分以下 3. 考核者意见： 　　　　　　　　　考核者签字：　　　日期：　　　年　　　月　　　日					

12.2 绩效评价表模板

绩效评价不仅是上级对下级的评价，还包括员工的自我评价、周围同事对员工的评价等。HR可以根据职位制作基层员工绩效评价表和中高层员工绩效评价表，也可以根据时间段制作季度绩效评价表和年度绩效评价表。不同种类的绩效评价通常对应着不同的绩效评价表，HR需要掌握这方面的技能。

12.2.1 》》 基层员工季度绩效评价表

基层员工季度绩效评价表如表12-5所示。

表 12-5　基层员工季度绩效评价表

单位	部门	考核者		被考核者		签字日期	考核周期
		职位	签字	职位	签字		
序号	重点工作		目标	权重	评分办法		考核者评价
1							
2							
3							
4							
5							
最终得分：							

12.2.2 》》 中高层管理者季度绩效评价表

中高层管理者季度绩效评价表如表12-6所示。

表 12-6　中高层管理者季度绩效评价表

单位	部门	考核者		被考核者		考核周期	考核者签字及日期
		职位	姓名	职位	姓名		
指标类别	指标编号	考核指标	目标	权重	实际值	评分	
财务类							
客户与运营类							
组织发展类							
最终得分：							

12.2.3 >>> 基层员工年度绩效评价表

基层员工年度绩效评价表如表12-7所示。

表 12-7　基层员工年度绩效评价表

单位	部门	考核者		考核周期	考核者签字及日期
		职位	姓名		
考核指标			考核情况		
序号	指标类别	考核指标	权重	实际值	评分
	绩效评价	绩效			
	个人能力素质评价	能力			
	个人态度评价	态度			
最终得分：					

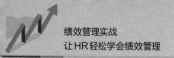

12.2.4 >>> 中高层管理者年度绩效评价表

中高层管理者年度绩效评价表如表12-8所示。

表 12-8　中高层管理者年度绩效评价表

单位	部门	考核者		考核周期	考核者签字及日期
		职位	姓名		
考核指标			考核情况		
序号	指标类别	考核指标	权重	实际值	评分
	绩效评价	绩效			
	个人能力素质评价	能力			
	个人态度评价	态度			
最终得分：					

12.3　绩效申诉表模板

绩效申诉表是对绩效考核、绩效评价存有疑虑的员工向上级申诉时使用的表格。在绩效申诉表中，需要写明申诉事项与申诉理由。管理者在收到绩效申诉表时需要对此进行调查并提出解决方案。下面是常见的员工申诉表模板与相应的处理记录表模板。

12.3.1 >>> 员工绩效申诉表

员工绩效申诉表如表12-9所示。

表 12-9　员工绩效申诉表

申诉人姓名		所在部门		岗位	
申诉事项					
申诉事由					
接待人			申诉日期		

12.3.2 >>> 员工绩效申诉处理记录表

员工绩效申诉处理表如表12-10所示。

表 12-10　员工绩效申诉处理表

申诉人姓名			部门		职位	
申诉事项						
申诉原因摘要						
面谈时间				接待人		
处理记录	问题简要描述：					
	调查情况：					
	建议解决方案：					
	协调结果：					
经办人：						
备注：						

参考文献

[1] 陈红霞. 企业绩效考核存在问题及对策分析[J]. 知识经济，2018（24）：44-45.

[2] 戴丽丽. 浅析企业绩效管理与绩效考核问题[J]. 财会学习. 2016（2）：21.

[3] 冯涛. 绩效量化管理实操指南[M]. 北京：中国铁道出版社. 2018（6）.

[4] 陈晓莎. 浅析企业绩效管理[J]. 中国证券期货. 2013（6）：87-88.

[5] 胡华成. 绩效管理与考核全案[M]. 北京：清华大学出版社. 2019.

[6] 马娜. HR进化：新时代招聘管理与薪酬绩效[M]. 北京：电子工业出版社. 2020.